全球武器精选系列

全球枪械TOP精选
（珍藏版）

★★★★★

（第2版） 《深度军事》编委会 编著

U0275106

清华大学出版社
北京

内 容 简 介

本书精选了手枪、机枪、突击步枪、狙击步枪、自动与手动步枪、冲锋枪和霰弹枪等二战后80 款经典枪械型号，独具特色地以排行榜的形式对它们进行对比和介绍。每种枪械的排名均秉承客观公正的原则，并设有"排名依据"板块对排名原因进行详细解释。为了增强阅读的趣味性，每款枪械还特意加入一些相关的趣闻逸事。通过阅读本书，读者朋友可以全面了解这些枪械的性能，也很容易辨明它们各自的优点与劣势。

本书内容翔实，结构严谨，分析讲解透彻，图片精美丰富，适合广大军事爱好者阅读和收藏，也可以作为青少年的科普读物。

图书在版编目 (CIP) 数据

全球枪械 TOP 精选：珍藏版 /《深度军事》编委会编著 . —2 版 . —北京：清华大学出版社，2021.11（2024.10 重印）

（全球武器精选系列）

ISBN 978-7-302-59321-8

Ⅰ . ①全… Ⅱ . ①深… Ⅲ . ①枪械—介绍—世界 Ⅳ . ① E922.1

中国版本图书馆 CIP 数据核字（2021）第 214510 号

责任编辑：李玉萍
封面设计：郑国强
责任校对：张彦彬
责任印制：丛怀宇

出版发行：清华大学出版社
　　　网　　址：https://www.tup.com.cn, https://www.wqxuetang.com
　　　地　　址：北京清华大学学研大厦 A 座　　　邮　　编：100084
　　　社 总 机：010-83470000　　　邮　　购：010-62786544
　　　投稿与读者服务：010-62776969，c-service@tup.tsinghua.edu.cn
　　　质 量 反 馈：010-62772015，zhiliang@tup.tsinghua.edu.cn
印 装 者：三河市龙大印装有限公司
经　　销：全国新华书店
开　　本：146mm×210mm　　　印　　张：10.5　　　字　　数：269 千字
版　　次：2017 年 7 月第 1 版　　2022 年 1 月第 2 版　　印　　次：2024 年 10 月第 4 次印刷
定　　价：69.00 元

产品编号：091170-01

前 言

　　19 世纪中期的多场战争中，枪械首次发挥了其压倒性的战斗力，彻底改变了以往枪械和冷兵器并用的战争模式，世界各国争相开发和购置新式枪械。

　　枪械是步兵的主要武器，也是其他兵种的辅助武器。在近百年大大小小的战争中，枪械的地位日益稳固。随着科技的发展，枪械也在不断地推陈出新。小型速射枪械几乎包办了近战内的几乎所有人对人的战斗。即使是非连发枪械也可以只扣动扳机即射且每分钟发射数十发。时至今日，尽管各式高科技武器不断出现，但枪械仍在现代军队中占据着重要地位。随着人类文明的不断进步，未来枪械的发展仍然有相当大的空间，到时会涌现更多优秀的枪械类型而在世界轻武器史上留下浓墨重彩的一笔。

　　在世界各国枪械中，那些引领时代的经典型号总是格外引人注目。本书精心选取了手枪、机枪、突击步枪、狙击步枪、自动与手动步枪、冲锋枪和霰弹枪等二战后 80 款经典枪械型号，独具特色地以排行榜的形式对它们进行对比介绍。每种枪械的排名均秉承客观公正的原则，并设有"排名依据"版块对排名原因进行详细解释。为了增强阅读的趣味性，每款枪械还特意加入一些相关的趣闻逸事。通过阅读本书，读者可以全面了解这些枪械的性能，也很容易辨明它们各自的优点与劣势。

针对现代人的阅读习惯，本书不仅在文字方面严格把关，在配图方面更是精益求精。书中不仅配有大量清晰而精美的鉴赏图片，还精心设计了许多极具特色的数据对比图表，生动形象地展现出每款枪械的性能差异。此外，还配有分解图和士兵使用图，方便读者了解每款枪械的枪体构造。在结构上，本书也颇为新颖地采用了"从后往前"的排序方式，能够最大限度地激起读者朋友的好奇心和阅读欲望。本书采用小开本设计，易于携带和收藏，便于读者随时随地阅读。

本书是真正面向军事爱好者的基础图书，编写团队拥有丰富的军事图书写作经验，并已出版了许多畅销全国的图书作品。与同类图书相比，本书不仅图文并茂，在资料来源上也更具权威性和准确性。

本书由《深度军事》编委会编著，参与编写的人员有阳晓瑜、陈利华、高丽秋、龚川、何海涛、贺强、胡姝婷、黄启华、黎安芝、黎琪、黎绍文、卢刚、罗于华等。对于广大资深军事爱好者，以及有意了解国防军事知识的青少年来说，本书不失为非常有价值的科普读物。希望读者能够通过阅读本书循序渐进地提高自己的军事素养。

Chapter 01

认识枪械

  枪械是指利用火药燃气能量发射弹丸、口径小于 20 毫米的身管射击武器，以发射枪弹，打击无防护或弱防护的有生目标为主，是步兵的主要武器，也是其他兵种的辅助武器。自从"枪"的概念问世以来，一个国家的军事实力就大部分依靠枪械来作为评判标准。从冷兵器时期的弓箭、弩到如今的各种枪械的发明与使用，在证明时代进步的同时，也说明了枪械在武装力量方面的重要性。在一支军队中，不论是士兵还是将军，熟练掌握枪械的运用几乎成为军人必备的一项技能。

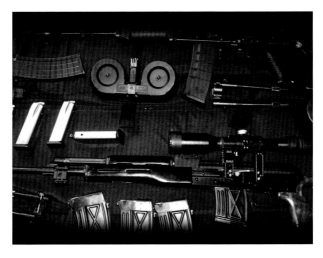

● 枪械发展简史

世界上最早的一支"枪"要追溯到 1259 年，是中国人发明的以黑火药发射弹丸、竹管为枪管的第一支"突火枪"。它的前段是一根粗竹管；中段膨胀的部分是火药室，外壁上有一个点火小孔；后段是手持的木棍。发射时以木棍拄地，左手扶竹管，右手点火，发出一声巨响，射出石块或弹丸，未燃尽的火药气体喷出枪口达两三米。其原理接近于现在的枪械。当中国的火药传到西方之后，欧洲最早在 14 世纪中叶出现了"火门枪"。

19 世纪末开始出现自动枪械，并被应用到一战中。一战后，枪械的种类也相对多了起来，如左轮手枪、冲锋枪、手动步枪、半自动步枪、自动步枪、狙击步枪及机枪。其间也先后出现了许多新型枪械，如德国的 Kar 98k 毛瑟步枪、MG34、MG42，美国的 M1"加兰德"步枪、M1 卡宾枪、勃朗宁自动步枪，英国的李 - 恩菲尔德步枪、布伦轻机枪等。

在二战后期，还出现了自动步枪和突击步枪，1944 年出现在战场上的德国 7.92 毫米 StG44 突击步枪，具有火力强大、携带轻便、在连续射击时较机枪容易控制的特点，成为世界上第一款突击步枪，也对世界各国对枪械的研制产生了重大影响。二战后，美国开发了 M14 自动步枪及 M60 机枪，越战时期，冲锋枪及自动步枪已成为主要单兵作战武器，像 20 世纪 60 年代装备美军的 7.62×51 毫米 M14 自动步枪，战时显示大口径子弹不适合突击步枪，其后开发出著名的小口径 M16，此时世界各国也分成北约及华约口径作为制式弹药来设计各种枪械。

自 21 世纪以来，枪械的技术发展迅猛，枪械的种类不仅多样化，而且用途各异。现代步枪以突击步枪、狙击步枪、自动步枪和卡宾枪为主，机枪以重机枪、轻机枪和通用机枪为主，而冲锋枪在军事上的用途已逐渐被突击步枪和卡宾枪所取代，目前主要装备特种部队和警察。然而人们对于枪械的探求仍然没有停止，始终在探求现代枪械更多未知的一面，以满足未来战争的需求。

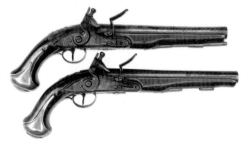

早期的枪械

Ak-47 突击步枪

"沙漠之鹰"手枪

M82 狙击步枪

PPSH-41 冲锋枪

现代枪械的主要种类

经过几个世纪的发展，枪械的发明与制作都已经相当成熟，如今的枪械越来越轻便，越来越可靠，威力也越来越大，精准度也越来越高，种类按照性能也分为手枪、机枪、突击步枪、狙击步枪、自动与手动步枪、冲锋枪与霰弹枪。

手枪

M9 手枪

M9 手枪是一种单手握持瞄准射击或本能射击的短枪管武器，通常为指挥员和特种兵随身携带，用在 50 米的近程内自卫和袭击敌人。现代手枪的基本特点是：变换保险、枪弹上膛、更换弹匣方便，结构紧凑，自动方式简单。现代手枪主要有自卫手枪和冲锋手枪两种。自卫手枪射程一般为 50 米，弹匣容量为 8~15 发，发射方式为单发，重量在 1 千克左右。冲锋手枪也称战斗手枪，全自动，一般配有分离式枪托，弹匣容量为 10~20 发，平时可当冲锋枪使用，有效射程可达 100~150 米。现代手枪主要有左轮手枪、半自动手枪和全自动手枪三种类型。

机 枪

　　一般来说，机枪泛指可连发枪械。机枪为了满足连续射击的稳定需求，通常备有两脚架或安装在三脚架和固定枪座上，主要发射步枪或更大口径（12.7 毫米 /14.5 毫米）的子弹，能快速连续射击，以扫射为主要攻击方式，透过绵密火网压制对方火力点或掩护己方进攻。除了攻击有生目标外，也可以射击其他无装甲防护或薄装甲防护的目标。

M2 重机枪

突击步枪

　　突击步枪是根据现代战争的需求，将步枪和冲锋枪所固有的最佳技术性能成功地结合起来，现多指各种类型的能全自动 / 半自动 / 点射方式射击、发射中间型威力枪弹或小口径步枪弹、有效射程达 300 ～ 400 米的自动步枪。其特点是射速较快、射击稳定、后坐力适中、枪身短小轻便。可以说是具有冲锋枪的猛烈火力和接近普通步枪射击威力的自动步枪。

AK-74 突击步枪

狙击步枪

狙击步枪是指在普通步枪中挑选或专门设计制造、射击精度高、距离远、可靠性好的专用步枪。军事上主要用于射击对方的重要目标（如指挥人员、车辆驾驶员、机枪手等）。

狙击步枪的结构与普通步枪基本一致，区别在于狙击步枪多装有瞄准镜；枪管经过特别加工，精度较高；射击时多以半自动方式或手动单发射击。

M40A3 狙击步枪

自动与手动步枪

手动步枪是指以手动方式完成子弹送膛（上膛）与将使用过的弹枪机退出枪膛（退膛）动作的步枪。自动步枪是指借助火药气体压力及弹簧的作用完成推弹、闭锁、击发、退壳和供弹等一系列动作的连发步枪，是一种突击步枪。非自动步枪只能单发，而且装弹和退壳都要手动操作，射速慢、使用不方便。世界上第一支能够连发的步枪是由美国人克里斯托夫·斯潘塞于 1860 年发明的。

M1"加兰德"步枪

冲锋枪

冲锋枪又称短机枪、短机关枪、机关短枪或次机枪，旧译手提机枪或手提轻机枪，一般泛指使用手枪子弹的连发枪械，冲锋枪的设计者对这种武器的共同设计诉求为"轻便"及"全自动射击"。世界上第一支冲锋枪是意大利的 Villar-Perosa（简称 VP 或 Mod.1915），其采用双枪管设计，发射手枪子弹，装有两脚架但没有枪托。

斯特林冲锋枪

▶ 霰弹枪

霰弹枪是指无膛线（滑膛）并以发射霰弹为主的枪械，一些霰弹枪为了精度（发射独头弹时）会更换有膛线的枪管。一般外形和大小与步枪相似，但区别是有大口径和粗大的枪管，部分型号无准星或标尺，口径一般达到了 18.2 毫米。

霰弹枪旧称猎枪或滑膛枪，现在又被称为鸟枪。霰弹枪的枪管较粗，子弹粗大，射击时声音很大。枪管口径在 12~20 毫米，火力强，杀伤面宽，是近战的高效武器，被各国军队、特种部队和警察部队广泛采用。

雷明顿 1100 霰弹枪

Chapter 02

手 枪

　　随着技术的进步，手枪经过长期的演变过程，已经发展成为种类繁多的现代手枪家族，并且性能和威力都有了大幅提高，因此手枪的作用和地位得到了进一步加强。本章详细介绍了手枪建造史上影响力最大的十种型号，并根据其历史影响、综合性能，以及制造数量等因素进行了客观公正的排名。

整体展示

 服役时间与生产厂商

TOP10　瓦尔特 PPQ 手枪	
服役时间	2011 年至今
生产厂商	瓦尔特公司是德国武器生产商，拥有超过百年的历史，在手枪发展中有着突出贡献

TOP9　马卡洛夫 PM 手枪	
服役时间	1951 年至今
生产厂商	伊兹玛什工厂前称是伊热夫斯克兵工厂，最初是于 1760 年建立的以生产轻武器和大炮配件为主的铁器厂，1763 年由沙皇俄国政府接管并开始生产武器。进入 20 世纪，十月革命胜利后，作为新诞生的苏联兵工厂生产了几乎所有的轻武器。1991 年伊热夫斯克兵工厂更名为伊兹玛什工厂

TOP8　HK Mk 23 Mod 0 手枪	
服役时间	1996 年至今
生产厂商	黑克勒 - 科赫是德国的一家枪械制造公司，位于巴登 - 符腾堡邦的内卡河河畔奥伯恩多夫，在美国也有分部，以诸多类型的手持武器著称

TOP7　SIG Suaer P220 手枪	
服役时间	1975 年至今
生产厂商	20 世纪，SIG 公司已经发展为瑞士一家大型的工业公司，总部一直设在诺伊豪森。20 世纪 90 年代是西方枪械生产厂合并和分家的旺季，许多著名品牌都换了东家，SIG 公司一直撑到 21 世纪，但最终于 2000 年中期把 SIG Arms 卖给了一家名为"瑞士轻武器"的私营公司

TOP6　格洛克 17 手枪	
服役时间	1982 年至今
生产厂商	格洛克公司由工程师格斯通•格洛克创立于 1963 年，坐落于奥地利德意志瓦格拉姆市 A-2232 豪斯费尔德斯特拉贝大街 17 号。其是世界著名的枪械制造商

TOP5　"沙漠之鹰"手枪	
服役时间	1982 年至今
生产厂商	以色列军事工业又名 IMI，是以色列著名的国防武器制造商，公司雇员有 3200 人，分布在下属 5 个部门，主要为以色列国防军提供小型武器和弹药，也外销至世界上多个国家和地区，主要的客户有美国陆军、海军、空军，也包含其他北约成员国

TOP4　鲁格 P08 手枪	
服役时间	1904—1945 年
生产厂商	毛瑟是德国的一家枪械制造商，是 1874 年 5 月 23 日开始生产旋转后拉式枪机步枪的著名品牌，初期业务主要为德国军队提供枪械，现在变成民用枪械的生产商

TOP3　FN M1900 手枪	
服役时间	1899—1911 年
生产厂商	比利时 FN 公司没有正式中文译名，字面直译为"赫尔斯塔尔国有工厂"，是比利时的一家枪械制作及生产公司，在美国有分部 FNMI，主要研制及开发各类枪械与子弹

TOP2　M9 手枪	
服役时间	1990 年至今
生产厂商	意大利伯莱塔公司是全世界最古老的军械企业之一，由同一个家族营运了将近 500 年，使其成为世界上历史最悠久并且仍然在经营的公司。伯莱塔公司于 1526 年创立，因产品广涉各种类型枪械而出名

TOP1　M1911 手枪	
服役时间	1911 年至今
生产厂商	柯尔特公司是一家轻武器制造公司，于 1855 年由塞缪尔·柯尔特成立。1864 年，柯尔特公司和临近的一些办公室遭遇火灾，除了组装军用产品外，公司一直处于停产状态；1867 年，柯尔特公司开始生产加特林机枪。2015 年 6 月 14 日晚，柯尔特公司发布声明，申请破产

枪体尺寸

瓦尔特PPQ手枪
口径 9 毫米
全长 180 毫米
枪管长 102 毫米

马卡洛夫PM手枪
口径 9 毫米
全长 161.5 毫米
枪管长 93.5 毫米

HK Mk 23 Mod 0手枪
口径 11.43 毫米
全长 245 毫米
枪管长 149 毫米

SIG Suaer P220手枪
口径 9 毫米
全长 198 毫米
枪管长 112 毫米

格洛克17手枪

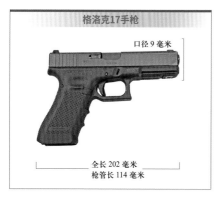

口径 9 毫米

全长 202 毫米
枪管长 114 毫米

"沙漠之鹰"手枪

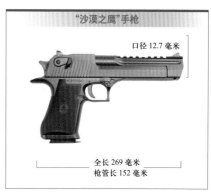

口径 12.7 毫米

全长 269 毫米
枪管长 152 毫米

鲁格P08手枪

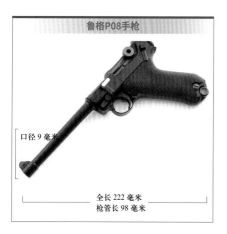

口径 9 毫米

全长 222 毫米
枪管长 98 毫米

FN M1900手枪

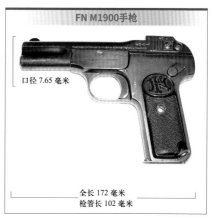

口径 7.65 毫米

全长 172 毫米
枪管长 102 毫米

M9手枪

口径 9 毫米

全长 217 毫米
枪管长 125 毫米

M1911手枪

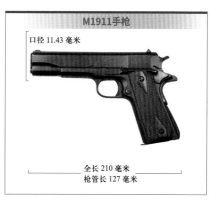

口径 11.43 毫米

全长 210 毫米
枪管长 127 毫米

基本性能数据对比

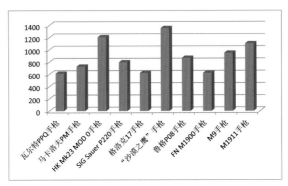

空枪重量对比图（单位：克）

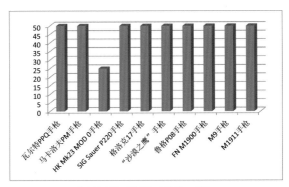

有效射程对比图（单位：米）

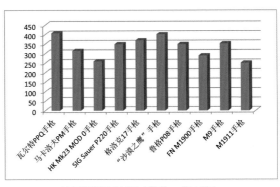

枪口初速对比图（单位：米／秒）

瓦尔特 PPQ 手枪

排名依据

　　由于是瓦尔特 P99 手枪的产品发展型，PPQ 手枪保持着与 P99 手机的瞄准具、第二代弹匣及其他配件的兼容性。瓦尔特 PPQ 手枪在 P99QA、P99RAD 和 P99Q 手枪之上的主要革新是其"快速防卫型"扳机。

瓦尔特 PPQ 手枪右侧面特写

制造历程

　　瓦尔特 PPQ 手枪是由德国瓦尔特公司为民间射击、安全部队和执法机关而设计的，目的是取代瓦尔特 P99 手枪。该枪使用了与 P99QA 手枪相同的工程学原理并延续了其主要特点。

黑色涂装的瓦尔特 PPQ 手枪　　　　　瓦尔特 PPQ 手枪后侧面特写

枪体构造

　　瓦尔特 PPQ 手枪是一款枪管短行程后坐作用闭膛式半自动手枪，使用的闭锁系统是从勃朗宁大威力手枪改进的凸轮闭锁系统。底把由玻璃钢增强聚合物材料制造，套筒和其他部件为钢质，所有金属表面都经过镍铁处理。

瓦尔特 PPQ 手枪及组件图

⬚⬚⬚▷ ★ 作战性能

瓦尔特 PPQ 手枪设有 3 个保险装置，即扳机保险、内置式击针保险和快速保险功能。该枪套筒、抛壳口上方的开口有上膛指示器，如果膛室内装弹，可以通过该开口看到。枪管下方的复进簧导杆尾部加装了一个蓝色聚合物帽，这既能减少枪管与复进簧导杆尾部接触位置的摩擦，也能防止在维护手枪后，安装复进簧导杆时出现如倒装的装置问题。

瓦尔特 PPQ 手枪套装

⬚趣⬚闻⬚逸⬚事

2013 年上映的电影《惊天危机》中，型号为瓦尔特 PPQ 标准型的手枪被不被承认的三角洲部队队员兼雇佣兵首领埃米尔·斯坦兹（杰森·克拉克饰演）作为备用枪械使用。

瓦尔特 PPQ 手枪局部特写

马卡洛夫 PM 手枪

马卡洛夫 PM 手枪由尼古拉·马卡洛夫设计，20 世纪 50 年代初成为苏联军队的制式手枪。

排名依据

1951 年，马卡洛夫 PM 手枪成为苏联军队及多个华约国家的制式装备，主要原因是其结构简单、运动部件少，便于生产，合乎经济成本效益。此枪持续在苏联军方和警察部队中服役到 1991 年苏联解体，至今俄罗斯及多个国家仍然广泛使用此枪，但被完全取代只是时间问题。

马卡洛夫 PM 手枪枪口部位特写

▌▌▌▌▷ 制造历史

　　1948 年，苏联军事专家尼古拉·马卡洛夫发现手枪在战场的使用比率极低，并发现它们的主要用途是给军官或高阶将领自卫，其中托卡列夫手枪的火力过强，且体积过大而显得不方便，再加上单动式扳机已经过时，于是便根据苏联军方的要求研制了一款新的半自动手枪，以取代已经落后的纳甘 M1895 左轮手枪及托卡列夫手枪。为此，尼古拉·马卡洛夫以德国二战时期的瓦尔特 PP 手枪为基础，把枪身扩大以对应 9×18 毫米马卡洛夫子弹，其成果就是马卡洛夫 PM 手枪。

使用马卡洛夫 PM 手枪的俄罗斯士兵

马卡洛夫 PM 手枪及枪套

▌▌▌▌▷ 枪体结构

　　马卡洛夫 PM 手枪是一款使用固定枪体连枪管和直接利用反冲作用运作的中型手枪。在反冲作用设计中，唯一会使滑套闭锁的只有复进簧。而在射击过程中，其枪管和滑套无须闭锁。反冲作用是一种简单的作动方式，比许多使用后坐式、倾斜式和铰接式枪管设计的手枪有着更高的精度，但由于滑套重量较大，所以也有所限制。而 9×18 毫米子弹本身也是一种实用于反冲作用的手枪子弹，因为它从一支中等重量和尺寸的手枪上产生的枪口动能达到的水平令人可畏。

　　马卡洛夫 PM 手枪有一根没有击针弹簧和击针阻块的自由浮动式击针。这种设计使手枪在碰到枪口时容易走火。而其设计师马卡洛夫则认为以其击针的质量并不足以构成危险。马卡洛夫 PM 手枪的保险装置被启用后会阻塞要接触击针的击锤，并令手枪的扳机压力变大。

马卡洛夫 PM 手枪及弹匣、子弹

射击中的马卡洛夫 PM 手枪

作战性能

马卡洛夫 PM 手枪是一款半自动手枪,其射速取决于射手每次扣扳机的速度。以当今的美国商业手枪标准来说,马卡洛夫 PM 手枪被认为是较为沉重的,尽管它的枪身紧凑。其主要原因是反冲作用式手枪会利用其沉重的滑架提供的较大惯性来延迟开放枪膛,直至内部压力下降到安全水平为止。另外,尽管许多威力更大的弹药已适用反冲作用式手枪,但马卡洛夫 PM 手枪仍然被普遍认为是一种设计元素较为平衡的手枪。

趣闻逸事

马卡洛夫 PM 手枪出现在许多电影电视中,其中就包括《孤独的生还者》,在电影里不锈钢外贸版本的马卡洛夫 PM 手枪被塔利班首领沙赫和塔拉克作为配枪使用。后来塔拉克在与阿富汗部落首领古拉卜搏斗时被后者夺去配枪射杀。在《美国队长 3》中被九头蛇苏联前军官使用。

马卡洛夫 PM 手枪及其弹匣

HK Mk 23 Mod 0 手枪

HK Mk 23 Mod 0 手枪是 1991 年由德国HK公司设计师海穆特·威尔多设计并由 HK 公司生产的半自动手枪。

排名依据

HK Mk 23 Mod 0 手枪的特别设计之处是有比赛等级、可加装消声器和激光瞄准器、能够发射 .45 ACP（11.43×23 毫米）的 AA18、A475 比赛等级高压子弹。该枪通过了美国特种作战司令部于 1990 年的特种部队计划。因为该款手枪被设定为"进攻"而非"防守"，有意地掺入尺寸和重量能够帮助吸收后坐力和保持更高的精度。

装上消声器的 HK Mk 23 Mod 0 手枪

制造历程

1980 年，美国特种作战司令部为了加强下属特战队员的作战能力，向外发出了新型手枪的招标信息。1989 年，按照该招标要求，HK Mk 23 Mod 0 手枪被设定为"进攻型"手枪。1991 年年底，HK 公司以 HK USP 为基础改进而成的 HK Mk 23 Mod 0 手枪按照特种作战司令部的要求被提交到特种作战司令部，并与其他公司（包括柯尔特的 OHWS）进行竞标。经过严格测试后，最终获美国特种作战司令部采用，经过少量修改后成为现在命名的 HK Mk 23 Mod 0 手枪。

第一批 Mk 23 Mod 0 手枪在生产完毕后于 1996 年 5 月 1 日送到美国特种作战司令部手上。而 HK 公司也在同年把此枪及其配件商业市场化。

HK Mk 23 Mod 0 手枪及消声器

HK Mk 23 Mod 0 手枪及组件

枪体构造

HK Mk 23 Mod 0 手枪使用一根特制的六边形膛线和枪膛镀铬的枪管，目的在于提高准确性和耐用性。它还装有一个设于枪身两边的手动保险和弹匣释放按钮，使得双手都能轻松操作。手动保险位于大型待击解脱杆的后部，而弹匣释放按钮则在扳机护圈的后部，两者设计得都很大，以便双手的大拇指直接操作和戴上手套射击时轻松上弹。设于左侧的大型待击解脱杆位于手动保险的前部，能降低外置式击锤以锁上全枪。复进簧中也装有一个已申请专利的后坐力缓冲部件，以降低射击时的后坐力，从而提高射击精度。

HK Mk 23 Mod 0 手枪前侧方特写

作战性能

HK Mk 23 Mod 0 手枪在恶劣环境中有着较强的耐久性、防水性和耐腐蚀性。它能够发射数万发不同种类的 .45 ACP 子弹，而且枪管没有任何损坏也无须更换枪管，完全符合特种部队作战的要求。

HK Mk 23 Mod 0 手枪及弹匣

趣 闻 逸 事

　　HK Mk 23 Mod 0 手枪和 Mark 23 手枪已登场于多部电影、电视、电子游戏、动画和轻小说里，在电影《全民超人汉考克》中，Mk 23 Mod 0 手枪被罪犯在医院向约翰·汉考克／街头超人复仇时所使用。

黑色涂装的 HK Mk 23 Mod 0 手枪

SIG Sauer P220 手枪

　　SIG Suaer P220 手枪是由瑞士 SIG 公司设计的 SIG Sauer 系列手枪中最早的型号。

排名依据
虽然 SIG Suaer P220 手枪是 P210 手枪的改进型，但性能更完善，更安全可靠，价格也更便宜。SIG 公司以 SIG Suaer P220 手枪为基础开发出的一系列的衍生型凭着性能优良、操作可靠，在军用、警用和民间市场都很受欢迎。由于 SIG Suaer P220 手枪的保险机构非常可靠，故取消了手动保险装置，只使用一个待击解脱柄，这种设计虽然不是 SIG 公司的首创，但在之前极少有。

黑色涂装的 SIG Suaer P220 手枪

制造历程

20 世纪 60—70 年代，瑞士军队装备的 SIG P210 手枪价格比较昂贵且产量也较低，于是军方就要求 SIG 公司设计一款价格便宜、能量产的新型手枪。由于 SIG 公司规模较小，于是便与德国 Sauer 公司合作，共同设计和生产这款新手枪。因为是两家公司共同完成的，所以这款新手枪被命名为 SIG Sauer P220。

SIG Suaer P220 手枪右侧面特写

SIG Suaer P220 手枪前侧方特写

枪体构造

SIG Suaer P220 手枪底把材料为铝合金，表面作哑黑色阳极化抛光处理，铝底把在当时是较为少见的，可减轻手枪的重量。套筒是由 1 块 2 毫米厚的钢板冲压成型，再用电焊把整个枪口部焊接上，经回火后钻孔，再用机器做深加工。击锤、扳机和弹匣扣均为铸件，而分解旋柄、待击解脱柄和空仓挂机柄则为冲压钢件，枪管是用优质钢材冷锻生产。握把侧片的材质是塑料，复进簧则由缠绕钢丝制成。枪机体用一根钢销固定在套筒尾部。

该枪有空仓挂机柄，当弹匣内的枪弹打完后，托弹板就会顶起底把左侧的空仓挂机卡榫，使之卡入套筒的缺口，将套筒阻于后方位置。插入实弹匣后，用手压下空仓挂机，或将套筒稍向后拉并放回，都能使套筒复进成待发状态。

SIG Suaer P220 手枪及弹匣

▶ 作战性能

SIG Suaer P220 手枪的击发模式为单/双动，因为该枪稳定可靠，所以设计师没有采用待击解脱柄以外的保险装置，以免在战场上延误战机。不过为适应民间射击运动而生的单动版本又额外加装了保险装置。

瑞士军用型 SIG Suaer P220 手枪

趣闻逸事

瑞士、丹麦、日本都曾采用 SIG Suaer P220 手枪作为军队制式手枪，日本并获得授权生产 SIG Suaer P220 手枪，命名为"美蓓亚"P9。

射击中的军用型 SIG Suaer P220 手枪

TOP 6 格洛克 17 手枪

格洛克 17 手枪于 1983 年成为奥地利军队的制式手枪，被命名为 P80，此后被世界上数十个国家和地区的军队和执法机构所采用。

排名依据

格洛克 17 手枪是奥地利格洛克公司研制的第一款手枪，它经历了 4 次修改，目前最新的版本被称为第四代格洛克 17，是目前全球执法单位使用最多的手枪之一。第四代格洛克 17 手枪的套筒上有 "Gen4" 字样。除了军警单位外，格洛克 17 手枪在民间市场和私人军事承包商手上也颇为常见。

格洛克 17 手枪右侧面特写

制造历程

格洛克 17 手枪是应奥地利陆军的要求而研制，用以取代瓦尔特 P38 手枪。2010 年，新推出的格洛克 17 手枪大大增强了人机工效，并采用双复进簧设计，以降低后坐力、提高枪支寿命。

第四代格洛克 17 手枪右侧视角

第四代格洛克 17 手枪左侧视角

枪体构造

自 2010 年开始，新推出的格洛克 17 手枪为大大提高人机工效，采用了新纹理，握把表面由粗糙改为凹陷且略为缩小；握把片由以前不能更换改为可以更换（分别是中型和大型，也可以不装握把片直接使用），以方便调整握把尺寸，适合不同的手型。

为适应双复进簧式设计，套筒下的聚合物枪身前端较前一代略为加宽。经改进的弹匣设计，方便左右手直接按下加大化的弹匣卡榫更换弹匣，也可以与旧式弹匣共用，但只可以右手按下弹匣卡榫以更换弹匣。

格洛克 17 手枪及弹匣

作战性能

格洛克 17 手枪及其衍生型都以可靠性高著称。其坚固耐用和简单化的设计，使它能在一些极端环境中正常运作，并能使用很多种类的子弹，也可改装成冲锋枪。它的零件较少，因此维修起来相当方便，也因其发射的舒适性而人气倍增（枪管较靠近握把，所以无须太大握力也能减少后坐力）。和所有格洛克手枪一样，格洛克 17 手枪有 3 个安全装置，但格洛克公司同时也推出连手动保险版本。

士兵手持格洛克 17 手枪进行训练

趣闻逸事

　　在流行文化方面，格洛克 17 手枪及其衍生型均以现实世界上优秀的性价比而广受角色欢迎，大量"装备"虚构组织（如神盾局和 NERV 等）为制式枪械。

黑色涂装的格洛克 17 手枪

5 TOP "沙漠之鹰" 手枪

"沙漠之鹰"手枪是以色列军事工业生产的一款大口径半自动手枪。

排名依据

　　"沙漠之鹰"手枪的体积和重量很大，威力极强，拥有极高的知名度，是世界著名的大口径、大威力手枪。它彪悍的外形、不是任何人都能控制的发射力量，是任何小巧玲珑的战斗手枪所不能替代的。但"沙漠之鹰"这类拥有单发威力达到步枪弹一样的 .50AE 子弹足以使一头美国公牛一枪致命或一枪即可令它瘫痪在地，丧失攻击能力。

"沙漠之鹰"右侧面特写

▌▌▌▷★ 制造历程

1979 年，在美国明尼苏达州明尼阿波利斯附近刚组建成的马格努姆研究所计划推出一款能射击 .357 马格努姆子弹的新型手枪，枪支的主要功能为打靶或打猎等，并将此计划称为"马格努姆之鹰"。由公司创办人兼枪械工程师 B 怀特（B White）主持技术细节和开发作业，他于 1981 年成功推出最早的"沙漠之鹰"的原型枪，1982 年公布消息并于 1983 年得到其设计专利。

因当时的技术还不完善，该枪在供弹系统上还存在许多问题，也由于生产商资金和技术力量薄弱，为使将此枪推向市场，马格努姆研究所开始寻求与国内外大公司合作。最后由以色列军事工业接手改良，经过反复试验和不断改进，于 1985 年得到了目前的"沙漠之鹰"设计专利。

金色涂装的"沙漠之鹰"手枪

黑色涂装的"沙漠之鹰"手枪

▌▌▌▷★ 枪体构造

"沙漠之鹰"手枪为一把大且重的手枪，气动的机械结构使其体积与重量都超出一般手枪（枪身连空弹匣就已有 1.9 千克）。枪管采用固定式固定在枪管座上，在近枪口处和膛室下方与枪身连接。由于枪管在射击时并不会移动，理论上有助于射击的精度。枪管顶部有瞄准镜安装导轨，使用者可自行加装瞄准设备。
套筒两侧均有保险机柄，
枪支可左右手操作。

"沙漠之鹰"手枪及组件

作战性能

　　"沙漠之鹰"手枪在射击时
会产生很大的噪声，而且后坐力极
大，故障率也较高。过强的杀伤力
也是军方和警方对该枪的兴趣大大
降低的原因之一，因为这样无论是
对射手还是对射手旁边的人都有很
大的安全隐患。

"沙漠之鹰"手枪左侧方特写

趣 闻 逸 事

　　由于"沙漠之鹰"手枪相当
出名，因此在许多电影、小说和
电子游戏中都有出现，在电影《魔
鬼终结者：未来救赎》中，一把.50
口径 Mark XIX 型"沙漠之鹰"手
枪，黑色枪身版被布莱尔·威廉
姆斯使用；银色镀铬枪身版由阿
什当将军所持有。

"沙漠之鹰"手枪及弹匣、子弹

鲁格 P08 手枪

鲁格 P08 手枪是一款运用肘节式起落闭锁机制的半自动手枪。

排名依据

　　鲁格 P08 手枪是在两次世界大战里德军最具有代表性也是最早期的半自动手枪之一，鲁格 P08 手枪在战场上表现出极好的可靠性，因此被德国陆军作为制式自卫武器。它作为德国军人的一种荣耀，影响着那一个特殊的年代。虽然鲁格 P08 手枪生产工艺要求高、零部件多、成本也较高，但是直到 1942 年年底才正式结束其批量生产。该枪共生产了约 205 万支，经过二战的消耗，剩余极少。由于该枪的知名度颇高，至今仍是世界著名手枪之一。

鲁格 P08 手枪及弹匣

制造历程

　　1893 年，美籍德国人雨果·博尔夏特发明了世界上第一款自动手枪——7.65 毫米 C93 式博尔夏特手枪，该枪外形笨拙不实用。后来，和他同一个工厂的乔治·鲁格对该枪的结构进行了改进，并于 1899 年定型。1900 年，该枪被瑞士选为制式手枪。此后，鲁格公司继续对该枪改良，1904 年，改良后使用 9×19 毫米口径子弹的鲁格手枪被德国海军采用。1908 年，鲁格手枪被德国陆军所列装，以取代前线部队中的 M1879 帝国转轮手枪。该版本也是鲁格手枪最普遍和广为人知的型号。该枪被命名为"1908 年型手枪"，简称 P08。虽然自1938 年起鲁格 P08 手枪开始逐步被更新被更先进的瓦尔特 P38 手枪所取代，但直至二战结束仍没有被取代完毕。

鲁格 P08 手枪左侧方特写

鲁格 P08 手枪后侧方特写

枪体结构

　　鲁格 P08 手枪采用来自博查特 C-93 手枪的肘节式起落闭锁设计，击发时枪管和枪机会因后坐力而向后移动，其枪机肘节会像毛虫般屈起，以完成推弹入膛和抛壳的过程。这种设计跟现代大部分半自动手枪采用的滑套设计有所不同。此枪有两种口径，分别为 7.65×21 毫米口径型和 9×19 毫米口径型。1906—1907 年，为了参与美军的新一代手枪选拔，鲁格也曾推出发射 .45 ACP 枪弹的版本。

鲁格 P08 手枪分解

鲁格 P08 手枪及弹匣、子弹

作战性能

鲁格 P08 手枪有多种变型枪，其中，P08 炮兵型是该系列手枪中的佼佼者，其射击精度较高，能够命中 200 米处的人形靶，由德国 DWM 公司于 1914—1918 年生产，产量仅 2 万支。

趣 闻 逸 事

作为知名度颇高的手枪，鲁格 P08 手枪在诸如《兄弟连》《辛德勒名单》等以二战为题材的电影中，时常看到它的身影。电子游戏《绝对武力》中被命名为"鲁格"，并有 C-Box 限定的黄金版、僵尸模式 2、3 中角色布莱尔专用的"银制鲁格"和通过武器强化系统升级的两种强化型。

鲁格 P08 手枪右侧方特写

FN M1900 手枪

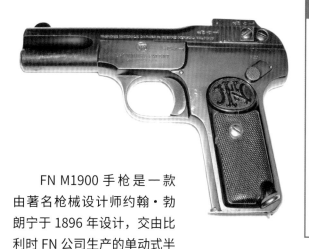

FN M1900 手枪是史上第一款使用套筒设计的手枪。它的问世，宣告了非自动手枪时代的终结，同时也宣告了现代自动手枪时代的兴起。FN M1900 手枪是具有划时代意义的优秀品牌手枪，因此受到世界各国的青睐，其生产量达到 100 万支。

FN M1900 手枪是一款由著名枪械设计师约翰·勃朗宁于 1896 年设计，交由比利时 FN 公司生产的单动式半自动手枪。

黑色涂装的 FN M1900 手枪

制造历程

　　勃朗宁首次于 1898 年向 FN 公司提交了 FN M11900 手枪的设计方案，次年 FN 公司便把此枪定名为"M1899"并投入生产。1900 年，此枪推出了一款较短枪管的改良型，生产一直持续了 11 年。勃朗宁的先进的手枪设计思想影响了现代自动手枪设计 100 年，而且其影响还将继续。FN 公司为这款手枪设计了一个独特的旗标，其图案直接采用了这款手枪的左侧外观图形，并且刻在手枪左侧枪管座外平面上（后来也有的 FN M1900 7.65 毫米自动手枪在握把护板上采用此旗标），并赋予这款手枪一个史无前例、后无沿袭、堪称世界枪械史上绝无仅有的牌号名称——"枪牌"。

FN M1900 手枪及弹匣

FN M1900 手枪前侧方特写

枪体结构

　　FN M1900 手枪主要由枪管、套筒、枪机组件及套筒座组件构成。枪管整体为圆柱状，造型极为简单。弹膛外面刻有螺纹，用来与套筒座上的枪管座旋接。弹膛口的上部有一个凸起，用来与枪机正确定位。弹膛口部右侧有一个抽壳钩缺口。这些足见勃朗宁在设计时充分考虑了加工的方便性。FN M1900 手枪的枪机上方有带 V 形缺口和纵向照准槽的照门座。其下方有与套筒复进簧槽相配合的导棱，并有 2 个直径为 6 毫米的套筒驻螺孔。

FN M1900 手枪不完全分解图

作战性能

从外形上看，FN M1900 手枪的最大特点是外形扁薄平整、坚实紧凑、大小适中。在结构和性能方面，FN M1900 手枪结构简单，动作可靠，特别是在战斗时使用方便，具有良好的安全可靠性。

右侧特写

趣 闻 逸 事

曾经有不少人认为在1914 年萨拉热窝事件中被普林西普用于刺杀弗朗茨·约瑟夫一世的武器就是 FN M1900 手枪，但其后发现用于刺杀的武器是 FN M1910 手枪，并非 FN M1900 手枪。

左侧特写

②TOP M9 手枪

M9 手枪是美军自 1990 年起装备的制式手枪，由意大利伯莱塔 92F（早期型M9）及 92FS 衍生而成。

排名依据

M9 手枪维修性好、故障率低。M9A1 手枪更配发物理气相沉积（PVD）胶面弹匣来提供更高可靠性，以便在阿富汗和伊拉克等国家的沙漠地区顺利使用。美军的 M9 手枪目前仍是主要制式手枪，贝瑞塔在 2009 年的 SHOT Show 宣布获得了 220 百万美元、为期五年内的美军 M9、M9A1 及相关配件生产合同，这显示出在短时间内 M9 手枪不会被大规模取代。

左侧特写

制造历程

1978 年，美国空军提出需要采用一款新的 9 毫米半自动手枪，用以取代老旧的 M1911 手枪，多家著名枪械公司参加了选型试验。1980 年，美国空军官方宣布伯莱塔公司的 92S-1 手枪比其他公司的略好。此时，美国其他军种也需要新的辅助武器。因此，更严格的一轮试验又开始了，伯莱塔公司送交的型号为 92SB-F，之后更名为 92F。1985 年 1 月，美国陆军宣布伯莱塔公司的 92F 手枪胜出，并将其选为制式手枪，正式命名为 M9。M9 手枪于 1985 年被美军选为制式手枪，此后各个军种的特种部队都有使用。2003 年，美国军方推出了 M9 的改进型，命名为 M9A1。

前侧特写

右侧特写

⬤⬤⬤⬤⬤ 枪体构造

　　M9 手枪沿用 92F 的设计理念，采用短行程后坐作用原理、单 / 双动扳机设计，以 15 发可拆式弹匣供弹，保险制及弹匣释放钮左右皆可操作。M9 手枪配发 M12 手枪套（伯莱塔 UM84 手枪套系统中的一部分），但也有士兵采用其他手枪套。

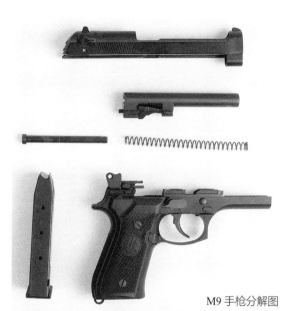

M9 手枪分解图

⬤⬤⬤⬤⬤ 作战性能

　　M9 手枪维修性好、故障率低，据试验，该枪在风沙、尘土、泥浆及水中等恶劣条件下适应性强，枪管的使用寿命高达 10000 发。1.2 米高处坠落在坚硬的地面上不会出现偶发，一旦在战斗中损坏时，较大故障的平均修理时间不超过半小时，小故障不超过 10 分钟。

士兵正在用 M9 手枪进行射击训练

在 2016 年电子游戏《决胜时刻：现代战争重制版》中，型号由前作的贝瑞塔 92SB 修整为真正的 M9 手枪，外观也比前作更为精细，也不再使用纯双动扳机。

黑色涂装的 M9 手枪

分解操作

易于分解是 M9 手枪的优点之一。在确定完全卸弹后，卸下弹匣，按下套筒座右侧的按钮，同时旋转左侧的连接杆，向前推套筒，同时握住套筒附件向上抬起，压紧位于枪管下的复进簧向导附件，取出套筒（当心复进簧弹出）。向下滑动枪管，解开闭锁，取出枪管。结合操作按相反顺序进行。

使用 M9 手枪的美军士兵

空仓挂机状态的 M9 手枪

主要缺点

M9 手枪在阿富汗、伊拉克战场上的高频率使用中出现了簧力不足的故障。这个故障在当年美军定型 M9 手枪的严格试验中却没有被发现，这为各国大容量手枪弹匣设计时采用高强度弹簧提供了有益的借鉴。M9 手枪的 15 发弹匣压满子弹后，因托弹簧压缩到底后弹力变弱，致使最上面一发子弹不能到位，这样的弹匣装入枪内，拉套筒后向前，将推不到最上面的子弹，此类故障在实战中较为可怕。

M9 手枪及其弹药

M9 手枪开火瞬间

衍生型号

名 称	说 明
M9	早期型，沿用伯莱塔 92F 手枪的设计理念
M9A1	2003 年推出的改进型，加入了皮卡汀尼导轨以对应战术灯、激光指示器及其他附件。此外，还配发物理气相沉积（PVD）胶面弹匣来提供更高可靠性，以便在阿富汗和伊拉克等国家的沙漠地区顺利运作
M9A3	2014 年 12 月公开的改进型，改用了较薄的手枪式握把，并新增了一个可拆卸的环绕式模块化握把、皮卡汀尼导轨、可拆卸式氚光前后瞄准具、一根延长并刻有螺纹的枪管，弹匣容量增至 17 发。不过，美军已决定不采用

M9A1 手枪

M9A3 手枪

实战掠影

　　1991 年海湾战争中，美军尉官以上军官包括总司令施瓦茨科普夫将军在内，腰间携带的都是 M9 手枪，坦克驾驶员、飞行员、特种兵和海军陆战队也都装备了这款手枪。在楼梯等一些狭窄的空间里，M9 手枪完全可以充当主要武器。海湾战争结束后，伯莱塔美国公司收到许多在"沙漠盾牌行动"和"沙漠风暴行动"中使用 M9 手枪的美军军官的感谢信。此后，美军在多次战争中使用 M9 手枪，包括在科索沃、波斯尼亚、索马里、海地、波斯湾、巴拿马等国家和地区的冲突中，历经这些战争后，M9 手枪备受赞誉。

手持 M9 手枪的美国陆军特种兵

美国海军陆战队士兵使用 M9 手枪进行射击训练

装备 M9 手枪的美国陆军
第 82 空降师士兵以卧姿射击

M1911 手枪

M1911 手枪是一款自 1911 年起生产的 .45 ACP 口径半自动手枪，由约翰·勃朗宁设计。

排名依据

M1911 手枪是约翰·勃朗宁以枪管短行程后坐力原理而设计的著名产品，其特点影响着 20 世纪推出的其他手枪。M1911 手枪推出后立即成为美军的制式手枪，并持续 74 年（1911—1985 年）。M1911 手枪曾是美军在战场上常见的武器，经历了两次世界大战、朝鲜战争、越战及波斯湾战争。M1911 手枪是历来累积产量最多的自动手枪。

制造历程

M1911 手枪于 19 世纪末期开发，当时的美军希望以自动装填手枪（半自动手枪）来取代多种仍在服役且种类繁多的左轮手枪。1907 年，美国正式招标 11.43 毫米手枪作为新一代的军用制式手枪，在对该手枪项目竞标中，柯尔特公司和萨维奇公司两家的手

M1911 手枪及子弹

枪被美国军方选中，随后两家公司的产品便进入试验和改进中。在 1910 年末的 6000 发子弹射击试验中，柯尔特公司的样枪射完子弹后没有出现任何问题，而萨维奇公司的样枪则出现 37 次故障，最后柯尔特公司胜出。

柯尔特公司的金杯国家比赛版本的 M1911 手枪

1911 年 3 月 29 日，柯尔特公司的手枪正式成为美国陆军的制式手枪，定型为 M1911。1913 年，由于 M1911 半自动手枪的性能十分出色，逐被美国海军和美国海军陆战队选为制式手枪。

黑色涂装的 M1911 手枪

枪体构造

M1911 手枪的基本操作原理是利用后坐力。子弹内的发射药的燃烧气体将弹头推出枪管，此时锁在一起的枪管与套筒受后坐力开始向后滑，弹头射出后，枪管与套筒继续一起向后滑一小段距离。然后枪管尾端以铰链为轴向下摆动。此时套筒内的闭锁凹槽与枪管尾端的凸筋分离，不再锁在一起，套筒继续后退，抓子爪抓住弹壳退出膛室，退子钩弹出弹壳，套筒后退到底。此时复进簧把套筒反弹向前。套筒带动弹匣内下一颗子弹上膛，继续向前，套筒内的闭锁凹槽与枪管尾端的凸筋对准，枪管尾端以铰链为轴向上摆动，枪管与套筒再度锁在一起。套筒与枪管继续向前滑一小段距离。

M1911 手枪分解图

|||||▷ ★ 作战性能

M1911 半自动手枪使用起来非常安全，不容易出现走火等事故。其 11.43 毫米的大口径子弹能够确保在有效射程内快速让敌人失去战斗力，而且故障率很低。此外，该手枪结构简单，零件较少，比较容易拆解，方便维护和保养。

M1911 手枪及弹匣

 趣闻逸事

M1911A1 手枪至今除了仍是部分美军部队的装备外，还被全世界广泛使用。多国目前仍有采用 M1911A1 手枪的合法授权生产型或仿制品作为军方和执法部门的武器之一，如希腊陆军的 M1911A1 手枪源自美国在 1946 年以对抗苏联等社会主义国家为由援助的武器，美国在越战时期也曾向泰国援助 M1911A1 手枪。

M1911A1 手枪

|||||▷ ★ 衍生型号

除了 .45 ACP 外，M1911 手枪还有多种不同口径的衍生型、仿制型和改装型号，例如 .38 Super、9×19 毫米、.40 S&W、.400 Corbon 等。一些由小公司和枪匠个人研发的特制改良型，如精选高质素的枪管再作个人校正和改造了瞄准器与握把的射击竞赛专用枪，特种部队订制的配备特大弹匣和简易枪托的可连发冲锋手枪，早年情报机关特别改良的使用专用微声器的特制手枪，乃至安装了瞄准镜和枪托的临时的狙击型卡宾枪，甚至有改造成可以发射专用箭型弹的特种手枪，这些都不是量产的衍生枪型。

　　量产的衍生型多出自柯尔特原厂，主要是指政府型（战后生产的民用版本）、指挥官型（紧凑和轻量化型）、双动型（双鹰型）、双排大容弹匣（加拿大制的 P14）、可以发射较大威力弹药的马格南型等，以及柯尔特原厂专门生产的射击竞赛枪，又称金杯型。

黑色涂装的 M1911 手枪

M1911 手枪开火瞬间

生产厂家

在美国，几乎所有具备手枪生产能力的生产商都有推出原装 M1911A1 手枪或自行改良的版本，如二战时期的斯普林菲尔德兵工厂、雷明顿兰德、伊萨卡、联盟开关及信号、胜家、岩岛兵工厂、柯尔特等。美国本土和国外其他生产商包括美国史密斯·韦森公司、美国斯特雷 - 耶格特公司、美国丹威森公司、美国金柏公司、美国威尔逊战斗公司、美国夜鹰定制公司、美国拉里·维克斯战术公司、美国莱斯贝尔公司、瑞士工业公司、加拿大帕拉军工厂、南非阿姆斯科公司、巴西军用物资工业公司等。

美国海军陆战队士兵使用 M1911 手枪

美国陆军士兵使用 M1911 手枪

▌▌▌▶ 主要用户

国　　家	单　　位
美国	美国陆军、海军陆战队、特种作战司令部、联邦调查局等
英国	英国陆军特种空勤团、空军
法国	法国军队、巴黎警察
日本	日本警察预备队、警察厅机动队、警视厅警护课、皇宫警察等
巴西	巴西军队、警察
新加坡	新加坡军队
斯里兰卡	斯里兰卡军队、警察
韩国	韩国陆军、空军
泰国	泰国军队、警察
菲律宾	菲律宾军队、警察、缉毒署
马来西亚	马来西亚军队、警察特别行动指挥部
哥伦比亚	哥伦比亚军队
希腊	希腊军队

希腊士兵使用 M1911 手枪

美国海军陆战队士兵为 M1911 手枪更换弹匣

采用木质握把片的 M1911 手枪

Chapter 03

机 枪

　　在两次残酷无情的世界大战中，机枪代表着火力，增加着胜利的筹码。仅这一种武器就对人类发动战争的方式造成了深远影响。虽然目前已有许多威力更大、技术更高的武器，但机枪的作用仍不可小觑。本章详细介绍了机枪自诞生以来影响力最大的20种型号，并根据其综合性能、历史影响力、建造数量等因素进行了客观公正的排名。

 服役时间与生产厂商

TOP20　阿瑞斯"伯劳鸟"轻机枪	
服役时间	2002 年至今
生产厂商	美国阿瑞斯防务系统公司是美国一家私营公司，由公司总裁杰弗里 A. 海瑞因于 1997 年创立

TOP19　Ultimax 100 轻机枪	
服役时间	1985 年至今
生产厂商	新加坡技术动力公司是新加坡的一家武器制造商

TOP18　RPK 轻机枪	
服役时间	1961 年至今
生产厂商	米哈伊尔·季莫费耶维奇·卡拉什尼科夫（1919 年 11 月 10 日至 2013 年 12 月 23 日）中将，20 世纪的苏联军人、工程师、枪械设计师，以设计 AK-47 等系列突击步枪而闻名，获"社会主义人民英雄"的荣誉

TOP17　Negev 轻机枪	
服役时间	1997 年至今
生产厂商	以色列军事工业公司又名 IMI，是以色列著名的国防武器制造商，公司雇员有 3200 人，分布在下属 5 个部门，主要为以色列国防军提供小型武器和弹药，也外销至世界多个国家和地区，主要的客户有美国陆军、海军、空军，也包含其他北约成员国

TOP16 MG34 通用机枪	
服役时间	1935—1945 年
生产厂商	毛瑟是德国的一家枪械制造商，是 1874 年 5 月 23 日开始生产旋转后拉式枪机步枪的著名品牌，初期业务主要为德国军队提供枪械，现在变成民用枪械的生产商

TOP15 M134 迷你炮机枪	
服役时间	1963 年至今
生产厂商	通用电气（GE）是美国一家提供综合技术与服务的跨国公司，经营产业包括电子工业、能源、运输工业、航空航天、医疗与金融服务，业务遍及世界 100 多个国家和地区，拥有员工约 3.7 万人。根据财星 500 大统计，其 2014 年营业额为 1462 亿美元，是美国第九大、世界第 27 大企业，也是道琼工业指数创始以来唯一持续入列的成分股

TOP14 NSV 重机枪	
服役时间	1971 年至今
生产厂商	乌拉尔斯克兵工厂位于乌拉尔河畔，主要生产轻武器。苏联解体后，乌拉尔斯克归属于哈萨克斯坦，该兵工厂私有化以后改名为西哈萨克斯坦机器制造公司，并停止了枪械制造，改为生产石油钻头

TOP13 FN Minimi 轻机枪	
服役时间	1982 年至今
生产厂商	比利时 FN 公司没有正式中文译名，字面直译为"赫尔斯塔尔国有工厂"，是比利时的一家枪械制作及生产公司，在美国有分部 FNMI，主要研制及开发各类枪械与子弹

TOP12　Pecheneg 通用机枪	
服役时间	1999 年至今
生产厂商	全称开放联合股份公司"V.A. 狄格特亚耶夫工厂",位于科夫罗夫

TOP11　PK/PKM 通用机枪	
服役时间	1961 年至今
生产厂商	1916 年 8 月 27 日成立,位于俄罗斯弗拉基米尔州科夫罗夫,以"苏军武器之父"瓦西里·捷格加廖夫的名字命名。

TOP10　HK21 通用机枪	
服役时间	1961 年至今
生产厂商	黑克勒 - 科赫是德国的一家枪械制造公司,位于巴登 - 符腾堡邦的内卡河河畔奥伯恩多夫,在美国也有分部,以诸多类型的手持武器著称

TOP9　RPD 轻机枪	
服役时间	1944 年至今
生产厂商	科夫罗夫机械厂位于俄罗斯科夫罗夫,原名科夫罗夫机枪厂。首席设计师是科沙诺夫

TOP8　MG3 通用机枪	
服役时间	1969 年至今
生产厂商	莱茵金属为德国一家战斗车辆武器配件及防卫产品制造商,著名产品包括豹 2、M1A1、M1A2 等装甲车辆及自走炮的主炮

TOP7　Kord 重机枪	
服役时间	1998 年至今
生产厂商	全称开放联合股份公司"V.A. 狄格特亚耶夫工厂",位于科夫罗夫

TOP6　FN MAG 通用机枪	
服役时间	1958 年至今
生产厂商	比利时 FN 公司没有正式中文译名，字面直译为"赫尔斯塔尔国有工厂"，是比利时的一家枪械制作及生产公司，在美国有分部 FNMI（FNH USA），主要研制及开发各类枪械与子弹

TOP5　MG42 通用机枪	
服役时间	1942—1968 年
生产厂商	毛瑟是德国的一家枪械制造商，是 1874 年 5 月 23 日开始生产旋转后拉式枪机步枪的著名品牌，初期业务主要为德国军队提供枪械，现在变成民用枪械的生产商

TOP4　M249 轻机枪	
服役时间	1984 年至今
生产厂商	黑克勒 - 科赫是德国的一家枪械制造公司，位于巴登 - 符腾堡邦的内卡河畔奥伯恩多夫，在美国也有分部，以诸多类型的手持武器著称

TOP3　布伦轻机枪	
服役时间	1938—1958 年
生产厂商	恩菲尔德镇位于英国伦敦的北郊，英国政府于 1804 年在那里建了一家兵工厂——恩菲尔德兵工厂。最初，恩菲尔德兵工厂只是负责组装布朗 - 贝丝燧发枪，后来逐步发展成设施完善、具有研发能力的轻武器研究与生产厂

TOP2　M60 通用机枪	
服役时间	1957 年至今
生产厂商	通用动力公司是美国的一家国防企业集团。2008 年通用动力公司是世界第五大国防工业承包商。由于近年来的不断扩充和并购，通用动力公司现今的结构与面貌已与冷战时期大不相同，它包含三大业务集团，海洋、作战系统和资讯科技集团

TOP1　M2 重机枪	
服役时间	1933 年至今
生产厂商	通用动力公司是一家美国的国防企业集团,成立于 1952 年 2 月 21 日,总部位于弗吉尼亚州福尔斯彻奇。目前,通用动力公司包含三大业务集团:海洋、作战系统和资讯科技集团。

◉ 枪体尺寸

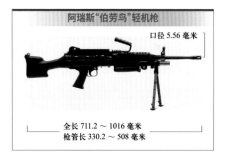

阿瑞斯"伯劳鸟"轻机枪

口径 5.56 毫米

全长 711.2 ～ 1016 毫米
枪管长 330.2 ～ 508 毫米

Ultimax 100轻机枪

口径 5.56 毫米

全长 1024 毫米
枪管长 508 毫米

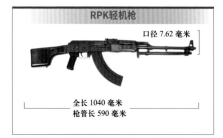

RPK轻机枪

口径 7.62 毫米

全长 1040 毫米
枪管长 590 毫米

Negev轻机枪

口径 5.56 毫米

全长 1020 毫米
枪管长 460 毫米

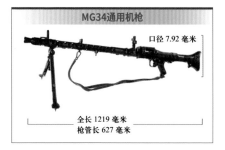

MG34通用机枪

口径 7.92 毫米

全长 1219 毫米
枪管长 627 毫米

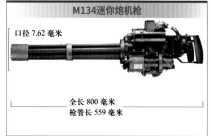

M134迷你炮机枪

口径 7.62 毫米

全长 800 毫米
枪管长 559 毫米

NSV重机枪

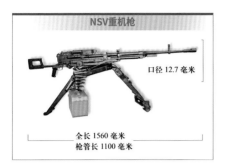

口径 12.7 毫米

全长 1560 毫米
枪管长 1100 毫米

FN Minimi轻机枪

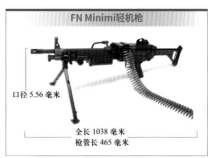

口径 5.56 毫米

全长 1038 毫米
枪管长 465 毫米

Pecheneg通用机枪

口径 7.62 毫米

全长 1155 毫米
枪管长 658 毫米

PK/PKM通用机枪

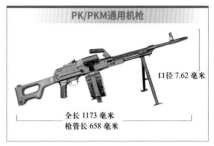

口径 7.62 毫米

全长 1173 毫米
枪管长 658 毫米

HK21通用机枪

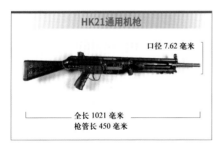

口径 7.62 毫米

全长 1021 毫米
枪管长 450 毫米

RPD轻机枪

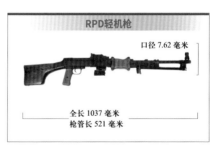

口径 7.62 毫米

全长 1037 毫米
枪管长 521 毫米

MG3通用机枪

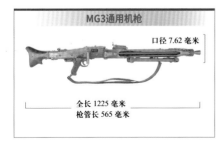

口径 7.62 毫米

全长 1225 毫米
枪管长 565 毫米

Kord重机枪

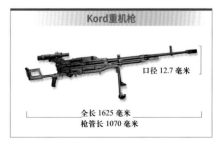

口径 12.7 毫米

全长 1625 毫米
枪管长 1070 毫米

FN MAG通用机枪

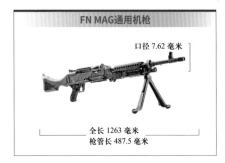

口径 7.62 毫米

全长 1263 毫米
枪管长 487.5 毫米

MG42通用机枪

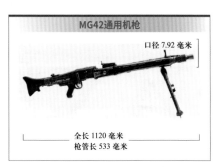

口径 7.92 毫米

全长 1120 毫米
枪管长 533 毫米

M249轻机枪

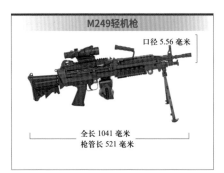

口径 5.56 毫米

全长 1041 毫米
枪管长 521 毫米

布伦轻机枪

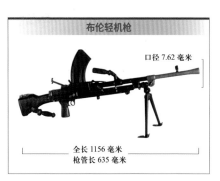

口径 7.62 毫米

全长 1156 毫米
枪管长 635 毫米

M60通用机枪

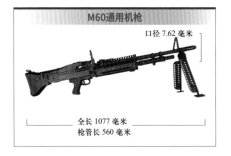

口径 7.62 毫米

全长 1077 毫米
枪管长 560 毫米

M2重机枪

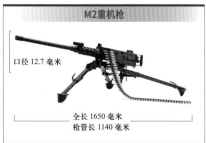

口径 12.7 毫米

全长 1650 毫米
枪管长 1140 毫米

基本性能数据对比

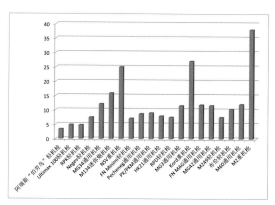

空枪重量对比图（单位：千克）

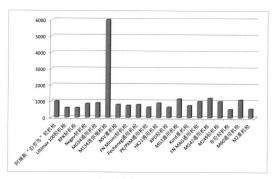

最大射速对比图（单位：发 / 分）

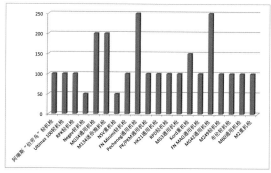

最大弹容量对比图（单位：发）

20 TOP 阿瑞斯"伯劳鸟"轻机枪

"伯劳鸟"轻机枪是一挺由美国阿瑞斯防务系统公司研制及生产的气冷式、两用供弹式轻机枪。

排名依据

"伯劳鸟"轻机枪既可以是由原厂提供的一挺完整武器，也可以是从现有的 M16 系列步枪和卡宾枪装上其提供的"性能升级套件"上机匣组装而成的武器。最近的"伯劳鸟"系列产品型号出现了发展。目前的型号和原型存在一些显著差异。

"伯劳鸟"轻机枪右侧方特写

制造历程

"伯劳鸟"轻机枪是由美国阿瑞斯防务系统公司研制生产的。阿瑞斯防务系统公司的目的就是让"伯劳鸟"轻机枪成为最轻的弹链供弹机枪。ARES-16 AMG 是阿瑞斯防务系统公司提出的新概念。"伯劳鸟"轻机枪可满足极端环境下的使用。

搭在两脚架上的"伯劳鸟"轻机枪

"伯劳鸟"轻机枪分解图

枪体结构

　　"伯劳鸟"轻机枪具有气动式活塞传动操作、连固定式顶部空间的可快速更换式枪管和MIL-STD-1913战术导轨的战术配件安装接口。它可以使用标准的30发M16可拆卸式弹匣、100发可拆卸式C-Mag弹鼓、100发或200发M27 SAW用可散式弹链装于软袋内或200发M27 SAW用可散式弹链装于硬质塑料弹箱内射击。

作战性能

　　"伯劳鸟"轻机枪既能够达到轻机枪的实际射速，又能像突击步枪那样轻盈和紧凑。

"伯劳鸟"轻机枪及弹链

趣闻逸事

在电子游戏《战地 4》中，"伯劳鸟"轻机枪是资料片"海军风暴"武器之一，只在联机模式中登场。型号为 Ares-16 AMG-1，命名为"AWS"（中文版则命名为"AWS 轻机枪"），发射 5.56×45 毫米 NATO 子弹，99+1 发弹鼓。多人联机模式时为"支援兵"的解锁武器包武器之一，于完成小任务"瑞士乳酪"（获得轻机枪勋带 3 次和以"支援兵"身份摧毁 3 辆载具）时解锁，被归类为轻机枪。

"伯劳鸟"轻机枪左侧特写

TOP 19 Ultimax 100 轻机枪

Ultimax 100 轻机枪由新加坡技术动力公司制造，定位为班用机枪，为新加坡军队的制式轻机枪，作为班用支援武器使用。

排名依据

Ultimax 100 轻机枪由新加坡在 1982 年开发及制造，波斯尼亚、克罗地亚共和国、斐济、洪都拉斯、印尼、巴布亚新几内亚、秘鲁、菲律宾等都有装备，曾被美国海军陆战队作步兵自动步枪（IAR）计划招标测试，但最后中标的是 HK 公司的 HK416 的衍生型 HK IAR 并且被美国海军陆战队命名为 M27 IAR。Ultimax 100 轻机枪所具有的独特优点，引起多国家军队对它的兴趣，经常把它与获多国采用的 FN Minimi 轻机枪作比较。

搭在两脚架上的 Ultimax 100 轻机枪

制造历程

　　Ultimax 100 轻机枪的设计师是美国人詹姆斯·沙利文，他在不同的公司工作过，领导过包括斯通纳在内的许多著名的轻武器工程师。1978 年，詹姆斯·沙利文在新加坡政府的委托下，与另一位设计师鲍伯·沃德菲尔德一起为 CIS 公司设计轻机枪，样枪在 1979 年 6 月进行试射，最后在 1981 年定型并命名为 Ultimax 100 轻机枪。

带弹鼓的 Ultimax 100 轻机枪

枪体结构

　　Ultimax 100 轻机枪采用气动、开放式枪机，将部分的射击瓦斯导入枪管上方的瓦斯汽缸，利用瓦斯的压力使活塞后退来打开枪机，进而发射北约 5.56×45 毫米子弹。闭锁方面采用旋转式枪机闭锁系统，枪机前端附有微型闭锁凸耳，只要产生些许旋转角度便可与枪管完成闭锁。Ultimax 100 轻机枪的最特别之处是，采用恒定后坐机匣运作原理，枪机后坐行程大幅度加长，令射速和后坐力较其他轻机枪低，精度也较高。

Ultimax 100 轻机枪套装

Ultimax 100 轻机枪左前方特写

作战性能

根据新加坡技术动力公司所发表的资料，Ultimax 100 轻机枪的射击后坐力在同等级 5.56 毫米口径机枪中是最低的，因此在射击时可以轻易保持枪支的稳定性，也可将其枪托拆下射击。弹鼓后半面呈半透明，方便射手掌握剩余子弹数量。

趣闻逸事

电子游戏《战地 4》中就有 Ultimax 100 轻机枪出现，型号为 Mk 5 型，命名为"U-100 MK5"（中文版则命名为"U-100 MK5 轻机枪"），发射 5.56×45 毫米 NATO 子弹，弹盒最高载弹量为 45 发，初始携弹量为 138 发，最高携弹量为 250 发，预设具有两脚架。单人故事模式中可被美国海军陆战队精英小队"墓碑"队长丹尼尔·雷克使用。

Ultimax 100 轻机枪后方特写

RPK 轻机枪

　　RPK 轻机枪是苏联在 1959 年为苏军装备以替换 RPD 轻机枪的一款轻机枪，发射 7.62×39 毫米 M1943 中间型威力子弹。

排名依据

　　RPK 轻机枪由卡拉什尼科夫在 AK-47 改良型 AKM 型突击步枪的基础上改进而成，并保持了 AK-47 的良好效能及可靠性，属于苏联的第二代班支援武器。

黑色涂装的 RPK 轻机枪

制造历程

　　RPK 轻机枪是以 AKM 突击步枪为基础发展而成的，初期在 10 人步兵班中可配备 1 把 RPK 用作班用机枪，直至 20 世纪 70 年代后期，小口径的 AK-74 及 RPK-74 才开始装备苏军。尽管如此，大量的 RPK 轻机枪至今仍旧装备俄罗斯军队。

大量的 RPK 轻机枪　　　　　士兵正在使用 RPK 轻机枪进行射击训练

枪体结构

　　RPK 轻机枪采用长、重枪管，有效射程及枪口初速比 AK-47 高，枪口安装有新型制退器以降低连续射击时的后坐力，备有可提高射击精度及方便伏姿射击的钢板压铸成型式折叠两脚架。

　　RPK 轻机枪的照门重新设计并增加了风偏调整，令远程射击精度有所提高，改用适合机枪使用的改进型大型木质固定枪托（类似 RPD），以保持枪支稳定性。

一名伊拉克军士兵和他的 RPK 轻机枪

作战性能

　　RPK 轻机枪具有重量轻、机动性强和火力持续性较强的特点。与 AKM 突击步枪相比，RPK 轻机枪的枪管有所增长，增大了枪口初速。

装有弹鼓的 RPK 轻机枪

RPK 轻机枪的通用 40 发香蕉型弹匣、75 发专用弹鼓及 AK-47 的 30 发香蕉型 7.62×39 毫米弹匣，令火力持续性提高。由于它使用固定枪管，无法长时间连续射击，实际上属于重枪管自动步枪。

以 AKM 突击步枪及 RPK 轻机枪作射击训练的格鲁吉亚士兵

17 TOP　Negev 轻机枪

Negev 轻机枪（Negev 一般音译为"内盖夫"）是以色列国防军的制式多用途轻机枪，装备的部队包括所有的正规部队和特种部队。

排名依据
Negev 轻机枪曾被指是 FN Minimi 轻机枪的以色列仿制型，其实以色列曾进口过 FN Minimi（M249）轻机枪，但军方较为支持本土生产的武器，因此 Negev 轻机枪是以 FN Minimi 的设计加以改良而成。以色列军队将此武器定位为班用机枪，更被推广为以色列国防军的制式轻机枪。

Negev 轻机枪右侧特写

1990 年，以色列的军队，包括徒步士兵、车辆、飞机和船舶装备的机枪均是 FN MAG58。虽然该机枪的通用性极好，但作为单兵武器来说，还是显得太笨重，不便于携带。因此，以色列国防军需要寻求一款新型的便于携带的轻机枪，来增强步兵分队的压制火力。

按照军方的要求，以色列军事工业公司为他们打造了一款新型的轻机枪——Negev 轻机枪。正当以色列国防军打算采用 Negev 轻机枪时，半路杀出个 FN Minimi 轻机枪，这两种机枪在性能上相差无几，并且在 1990 年以色列就已装备了少量的 FN Minimi 轻机枪。相对于 Negev 轻机枪来说，FN Minimi 轻机枪的优势在于经历过实战检验，而且价格便宜。但是后来 FN Minimi 轻机枪没有得到适当的维护，导致性能下降，所以在以色列国防军中的声誉也开始下滑；此外，以色列军事工业公司通过政治手段向军方施压，要求军方"支持国产"，因此以色列国防军最终决定采购比 FN Minimi 轻机枪价格高的"国产货"Negev 轻机枪。

Negev 轻机枪及弹链

Negev 轻机枪后方特写

⬛⬛⬛⬛⬛⬛⬛✦ 枪体结构

Negev 轻机枪与 FN Minimi 轻机枪相同，可以弹链及弹匣供弹，但弹匣口改在机匣下方，配有塑料套的两脚架及皮卡汀尼导轨，其两脚架可充当前握把。后期型 Negev 配有独立前握把及可拆式激光瞄准器，也可装上短枪管，枪托折叠时不会阻碍弹盒，设计紧凑。

Negev 轻机枪及其弹匣

⬛⬛⬛⬛⬛⬛⬛✦ 作战性能

Negev 轻机枪是一款可靠及准确的轻机枪，有着重量轻型、结构紧凑及适合沙漠作战的优势，更可通过改变部件或设定来执行特别行动而不会减低火力及精度。Negev 轻机枪使用的枪托可折叠存放或展开，这种灵活性已经让 Negev 轻机枪被用于多种角色，如传统的军事应用或在近距离战斗。

士兵用 Negev 轻机枪进行射击训练

趣闻逸事

　　以色列军队配备的装甲车和全地形车辆上通常都装有 Negev 轻机枪。Negev 轻机枪还在乌克兰当地生产，命名为 Fort-401，并装备乌克兰内务部的部队。

射击中的 Negev 轻机枪

16 TOP　MG34 通用机枪

　　MG34 通用机枪是 20 世纪 30 年代德军步兵的主要机枪，也是其坦克及车辆的主要防空武器。

排名依据

　　一战后的德国受到《凡尔赛条约》所限制而不能制造重型武器，因此改为生产中型机枪。MG34 轻机枪在德军中定位为轻重两用机枪，在轻机枪模式时会展开内置的两脚架及使用挂在机匣上的 50 发弹鼓（内藏弹链），而在重机枪模式时会加装三脚架及直接使用弹链供弹。MG34 通用机枪也是世界上第一款通用机枪。该枪是世界上第一款大批量生产的现代通用机枪，既可作为轻机枪使用，也可作为重机枪使用。

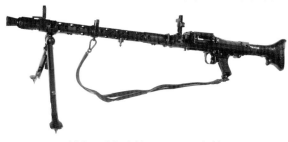

搭在两脚架上的 MG34 通用机枪

▐▌▌▌⭐▷ 制造历程

　　MG34 通用机枪的开发原意是为了替代 MG13 等老式机枪，但因为德军的战线太多，直至二战结束都没有完全换装，也衍生出更为著名的MG42，而其他老式机枪在二战中仍然服役。MG34 通用机枪由毛瑟公司的海因里希·沃尔默设计，由莱茵金属推出的MG30 机枪改良而成，将原有的弹匣供弹改为弹链供弹、加入枪管套及提高射速至每分钟 800 ～ 900 发。MG34 通用机枪推出后立即成为德军部队的主要武器，在西班牙内战中，德军士兵协助佛朗哥部队作战时取得良好的效果，同时 MG34通用机枪也开始成为通用机枪的雏形。MG34 通用机枪的生产需时很长，成本也很高，需用 49 千克的钢铁以钻削方式才能制造出 1 把重 12.1 千克的 MG34，而由于射速高，枪管容易过热，也较容易出现故障。

二战时期的 MG34 通用机枪

黑色涂装的 MG34 通用机枪

枪体结构

MG34 通用机枪可用弹链直接供弹，也可用 50 发弹链装入的单室弹鼓或 75 发非弹链的双室弹鼓挂于机匣左面作供弹，但改装成 75 发双室弹鼓后无法直接改回弹链供弹。该枪的枪管可以快速更换，只需将机匣与枪管套间的固定锁打开，再将整个机匣旋转即可。该枪的扳机设计独特，扳机护环内有一个双半圆形扳机，上半圆形为半自动模式（印有"E"字），而下半圆形则为全自动模式，设有按压式保险。

MG34 通用机枪右侧方特写

作战性能

轻机枪模式时的 MG34 通用机枪连两脚架重 12.1 千克，而中型及重机枪模式时可选重 6.75 千克的三脚架或较大型、重 23.6 千克，名为 MG34 Laffette 的三脚架，除了 1 个可调式照门外，机匣左面还有 1 个翻开式的长程照门，也可加装望远式瞄准镜作远程射击，甚至可加装潜望镜以便射手保持在战壕中射击而无须暴露在火线范围内。

MG34 通用机枪右前方特写

趣闻逸事

　　在越战电影《勇士们》中，就有越南士兵使用 MG34 通用机枪的镜头出现。日本卡通动漫作品《犬狼传说》（原作者：押井守）中也有 MG34 通用机枪出场。

MG34 通用机枪前方特写

M134 迷你炮机枪

　　M134 迷你炮机枪是一款 7.62 毫米高转速多管旋转式机枪（每分钟 3000 发），使用以外部供电能的加特林式旋转枪管。

排名依据
很多人都认为 M134 迷你炮机枪或其衍生型号可以单兵携行，并能在战场上起到毁灭性的压制作用。但事实上，无论是从重量上（枪体 + 电机 >30 千克）还是在火力持续性上（4000 发的弹箱只能持续扫射约 40 秒），M134 迷你炮机枪都不是现实中真正适合单兵使用的武器。

M134 迷你炮机枪套装

制造历程

　　M134 迷你炮机枪的设计概念源自于 19 世纪中期由理查·加特林所设计的加特林机枪。美军最早在越战时期采用，AC-47 因此被称作"喷火神龙"，也装备在直升机上；后来更多的军用载具（如悍马车）都配备了 M134 迷你炮机枪。

UH-1N 双休伊直升机的 M134 迷你炮机枪　　　　待命中的 M134 迷你炮机枪

枪体结构

　　M134 迷你炮机枪采用加特林机枪的原理，使用电动机带动 6 根枪管旋转，在每根枪管回转一圈的过程中，它所对应的枪机则在和枪管一起旋转的旋转体上的导槽内作往复直线运动,依次进行输弹入膛、闭锁、击发、退壳、抛壳等一系列动作,所以射速极高。机匣内表面曲线槽的前部有一段直槽,枪机在这段直槽内运动时,一直保持闭锁状态,即枪机只随旋转体转动,而不能开锁和后退,由此起到击发后的机械保险作用。

在小艇上射击的 M134 迷你炮机枪

作战性能

虽然高速旋转的枪管会因离心力的作用导致射击散布增大,但射速高、火力强能弥补精度的不足,反而使得 M134 迷你炮机枪成为一种十分有效的杀伤有生目标的武器。

M134 迷你炮机枪及其弹链

趣闻逸事

　　M134 迷你炮机枪出现在多个电影和电脑游戏里,最著名的为《终结者 2》和《黑客任务》。《终结者 2》中的 T-800 双手拿着 M134 迷你炮机枪对警车射击,而且没有造成任何伤亡。而《黑客任务》中的尼欧控制直升机上的 M134 迷你炮机枪对莫菲斯所在的楼层射击,而且乘乱救出莫菲斯。

射击中的 M134 迷你炮机枪

TOP 14 NSV 重机枪

NSV12.7 毫米重机枪由苏联制造,名字取自其 3 位设计师,即 G.I. Nikitin、J.S. Sokolov 及 V.I. Volkov。

排名依据

由于 NSV 重机枪整体性能卓越,且结构有所创新,所以被华约成员国广泛用作步兵通用机枪,其地位与勃朗宁 M2 重机枪不相上下。

芬兰国防军的 NSV 重机枪

▌▌▌▷ 制造历程

　　20 世纪 30 年代，苏联军队装备的重机枪大部分是 DShK 重机枪。随着战争形式的日新月异，DShK 重机枪的弊病开始浮现出来，其中之一就是步兵在运动中无法射击。为了能够适应战场，苏军对重机枪的要求是轻便、容易操作和可靠性高。1961 年，NSV 重机枪诞生，随后，便与 DShK 重机枪进行对比试验，结果 NSV 重机枪更胜一筹。

波兰军队装在悍马上的 NSV 重机枪

▌▌▌▷ 枪体结构

　　NSV 重机枪无传统的抛壳挺，弹壳被枪机的抽壳钩钩住，从枪膛拉出，枪机后坐时利用机匣上的杠杆使弹壳从枪机前面向右滑，偏离下一发弹的轴线。枪机复进时，推下一发弹入膛，复进到位后，枪机左偏而闭锁，弹壳脱离枪机槽，被送入机匣右侧前方的抛壳管，从该管排到枪外。由于机匣侧面或下面无抛壳孔，所以具有火药燃气泄漏少的优点。该枪作为车载机枪使用时，抛壳管排出的火药燃气易被导向车外。

俄罗斯海军士兵使用装在舰艇上的 NSV 重机枪

作战性能

NSV 重机枪全枪大量采用冲压加工与铆接装配工艺，既简化了结构，又减轻了全枪重量，生产性能也较好。在恶劣条件下使用时，该枪比 DShK 重机枪的性能更可靠，机匣的结构能确保射击中火药燃气泄漏少，从而可用作车载机枪或在阵地上使用。

黑色涂装的 NSV 重机枪

趣闻逸事

NSVT 是装在车辆射架上的 NSV 改装版本，如主战坦克及装甲运兵车，塞尔维亚的 Zastava Arms 也特许生产 NSVT，名为 M87，并装备当时的南斯拉夫军队。

NSV 重机枪局部特写

FN Minimi 轻机枪

　　FN Minimi 轻机枪是由比利时 FN 公司设计的气体传动式轻机枪，该枪被世界多国采用为制式装备。

排名依据

　　FN Minimi 轻机枪是世界著名的小口径轻机枪。当 FN Minimi 轻机枪成为世界著名的小口径轻机枪后，FN 公司在近年以 FN Minimi 的设计开发出 7.62 x 51 毫米口径的通用机枪，名为 FN Minimi 7.62（美军的版本名为 Mk 48 Mod 0）并推出市场。1980 年 5 月以 T9 的测试名称胜出评选后，美国陆军及海军陆战队在 1982 年 2 月 1 日正式装备 5.56×45 毫米改良过的 FN Minimi 轻机枪，并命名为 M249 班用自动武器。其后，受美国及北约的影响，除美国和比利时外，世界数十个国家陆续采用 FN Minimi 或 M249 作为制式班用机枪，FN 公司的 5.56 毫米 SS109 弹药因效能更好也成为北约甚至其他国家的制式弹药。

FN Minimi 轻机枪前侧方特写

▶ 制造历程

20 世纪 70 年代初期，北约各国的主流通用机枪发射 7.62×51 毫米 NATO 子弹。FN 公司设计 FN Minimi 轻机枪时，原本也打算发射这种子弹。但为了推广本公司新研发的 5.56×45 毫米 SS109 子弹，使其成为新一代北约制式弹药，所以在加入美国陆军举行的班用自动武器评选（SAW）时，将 FN Minimi 轻机枪改为发射 5.56×45 毫米 SS109 子弹。

FN Minimi 轻机枪左侧方特写

士兵用 FN Minimi 轻机枪在野外进行射击

▶ 枪体结构

FN Minimi 轻机枪采用 5.56×45 子弹所制的可散式金属弹链或北约标准（STANAG）的 20/30 发弹匣供弹，弹链从机匣左面的弹链供弹口进入时，在弹链供弹口下面的弹匣供弹口活门会封闭以防止误操作，而当采用弹匣时需手动打开活门。

FN Minimi 的枪托下装有折合式两脚架，配有可快速更换及自动归零的长或短重枪管，由于采用小口径弹药，FN Minimi 轻机枪的重量比 7.62×51 毫米口径的通用机枪轻得多，总重量不过 7.1 千克，可靠性较高，也更适合作班用支援武器，这也是各国陆军将步兵班配备的通用机枪更换为小口径轻机枪的原因。

FN Minimi 轻机枪套装

作战性能

　　FN Minimi 轻机枪采用开膛待击的方式，增强了枪膛的散热性能，有效防止枪弹自燃。导气箍上有一个旋转式气体调节器，并有 3 个位置可调：

一个为正常使用，可以限制射速，以免弹药消耗量过大；另一个为在复杂气象条件下使用，通过加大导气管内的气流量，降低故障率，但射速会增高；还有一个为发射枪榴弹时使用。

士兵用 FN Minimi 轻机枪执行任务

趣 闻 逸 事

　　英国军方在其 SA-80 系列中的班用自动武器长期而无成效的试验之后，终于在 20 世纪 90 年代初购买了第一批 FN Minimi 轻机枪。阿富汗战争前夕，英国大量采购 FN Minimi 轻机枪，每个步兵班装备 2 挺。

射击中的 FN Minimi 轻机枪

Pecheneg 通用机枪

Pecheneg 是一款由俄罗斯中央研究精密机械制造局以 PK 通用机枪为蓝本研制、V.A. 狄格特亚耶夫工厂生产的现代化通用机枪。

排名依据

Pecheneg 通用机枪与 PKM 通用机枪相比，最主要的改进是使用了一根具有纵向散热开槽表面并且以连固定提把的金属衬套包覆的新型强制气冷不可迅速更换的重型枪管，从而消除在枪管表面形成上升热气及保持枪管冷却，令 Pecheneg 通用机枪更准确和更可靠。

Pecheneg 通用机枪左前方特写

制造历程

Pecheneg 通用机枪是由俄罗斯联邦工业设计局研发的，其设计理念借鉴了苏联的 PK 通用机枪。枪名 "Pecheneg" 是来自佩切涅格人，是一个起源及居住在位于现在的南俄罗斯和乌克兰的草原的一个好战的西突厥分支部落。20 世纪 90 年代末期，世界各国都在发展 5.56 毫米口径的轻机枪，但并没有落下 7.62 毫米口径的重机枪或通用机枪，而且改良后的 7.62×54

毫米步枪子弹非常适合现代战争的需求。1999 年，俄罗斯中央研究精密机械制造局设计了一款发射 7.62×54 毫米步枪弹的通用机枪，即 Pecheneg 通用机枪。

搭在两脚架上的 Pecheneg 通用机枪

枪体结构

Pecheneg 通用机枪可以说是一款没有迅速更换能力的枪管及在枪管下方扣上了固定式两脚架以作为一挺班用支援武器的标准型 7.62×54 毫米口径 PKM 通用机枪。它可以提供比标准制式的 5.45×39 毫米（M74）口径RPK-74 轻机枪更持续的火力，而 7.62×54 毫米全威力步枪子弹也能在城市和森林环境中达到比中间型威力步枪子弹及小口径步枪子弹较长的有效射程，对轻型结构物和简易覆盖物有更好的贯穿力。

Pecheneg 通用机枪后方特写

作战性能

Pecheneg 通用机枪的一个设计改变就是其内置的不可拆卸而可折叠式两脚架，它安置在靠近枪口的位置。这是为了在利用两脚架射击时，提高稳定性和远程射击精度，但也限制了两脚架或射手在不离开原来的位置时可以进行射击的弧度。这种设计也令射手在以抵肩和抵腰射姿射击时不太舒服，因为它并不具有护木，两脚架也因位置过前而拉远了与射手之间的距离，导致不能使用两脚架握紧机枪射击。不过，Pecheneg 通用机枪具有枪背带环，使射手可以利用枪背带和固定提把握紧机枪并以抵腰姿势射击。

雪地上的 Pecheneg 通用机枪

趣闻逸事

电子游戏《荣誉勋章：战士》中，被命名为 PKP 的 Pecheneg 通用机枪被俄罗斯联邦安全局特种部队阿尔法小组使用，也是单人故事模式之中敌方唯一的单兵便携式机枪（敌方重装步兵使用），使用木质枪托和 PKM 样式提把。

士兵使用 Pecheneg 通用机枪在野外作战

PK/PKM 通用机枪

　　PK/PKM 通用机枪是由 AK-47 突击步枪的设计者米哈伊尔·季莫费耶维奇·卡拉什尼科夫在 1960 年设计的通用机枪。

排名依据

　　1959 年，PK 通用机枪开始少量装备苏军的机械化步兵连。20 世纪 60 年代初，苏军正式使用 PK 通用机枪取代了 SGM 轻机枪，之后，其他国家也相继装备 PK 系列通用机枪。

　　PK 通用机枪的原型是 AK-47 自动步枪，两者的气动系统及回转式枪机闭锁系统相似。

PK 通用机枪左侧方特写

制造历程

　　20 世纪 50 年代初，苏联枪械设计师尼克金和沙科洛夫设计了一种弹链式供弹的 7.62 毫米口径机枪——尼克金 - 沙科洛夫机枪。与此同时，另外一位枪械师卡拉什尼科夫也在设计，他的设计是 PK 通用机枪。1961 年，苏联军队对他们各自的产品作了对比试验后，最终采用了表现更为可靠、生产成本较低的 PK 通用机枪。

1969 年，卡拉什尼科夫推出 PK 通用机枪的改进型，称为 PKM 通用机枪。在冷战时期，PK/PKM 系列通用机枪广泛装备到世界各地，并在许多地区冲突中使用。PK 系列通用机枪也被其他国家生产，如保加利亚、匈牙利、罗马尼亚和波兰等。

士兵使用 PK/PKM 机通用枪进行射击

枪体结构

原型的 PK 通用机枪由 AK-47 自动步枪气动系统及旋转式枪机闭锁系统改进而成，发射莫辛－纳甘步枪及 SVD 狙击步枪的 7.62×54 毫米旧型凸缘弹药，其后推出的改进版本将枪支尽量减轻，并将枪管厚度改薄，命名为 PKM。PK 通用机枪大量降低枪身的重量，枪机容纳部用钢板压铸成型法制造，枪托中央也挖空，并在枪管外围刻了许多沟纹，使 PK 通用机枪只有 9 千克，而 PKM 只有 8.4 千克。PK 通用机枪发射 7.62×54 毫米子弹，弹链由机匣右边进入，弹壳在左边排出。

参加展览的 PK 通用机枪

作战性能

PK/PKM 通用机枪除可射击有生目标外，也可用作防空机枪。当时苏军的 7.62×54R 弹链主要为 25 发，士兵多需要人手连接。当时正值冷战时期，苏联及华约国家不断地增加军备，不少国家都被特许生产，因此 PK/PKM 通用机枪系列生产数量超过 100 万把。

乌克兰士兵与 PKM 通用机枪

波兰军队使用 PKM 通用机枪

HK21 通用机枪

　　HK21 通用机枪是一款由德国军火生产商 HK 公司在 1961 年以 HK G3 战斗步枪为基础研制和生产的通用机枪，发射北约 7.62×51 毫米步枪子弹。

排名依据

　　HK21 通用机枪的设计概念是"步枪转为支援武器"。由于它是以 HK G3 战斗步枪为基础，因此也是一款击发调变式滚轮延迟反冲式闭锁枪机操作的枪械，半刚性的闭锁机构旨在延迟枪机后坐的向后运动。这种延迟是通过使用枪管节套内部的角度人工地增加枪机的惯性，插入在传动系统，对称地安装膛室轴线。枪机上具有两个圆柱滚子作为传输元件，以限制驱动重型枪机机框的可动闭锁楔铁。机头是由两片式枪机结构所组成，其中包含两个用于闭锁的滚轮和斜楔式闭锁片，连接到一个沉重的枪机机框。这种闭锁机构严格而言属于半闭锁机构，而非完全闭锁。

黑色涂装的 HK21 通用机枪

⚡ 制造历程

　　HK21 通用机枪目前仍在亚洲、非洲和拉丁美洲多个国家的军队中使用。该枪也在德国以外被特许生产，在葡萄牙由纯银手臂工厂生产并命名为 M/968，在墨西哥则由国营兵工厂国防秘书处生产并命名为 MG21。在德国军队和联邦警察被命名为 G8。20 世纪 70 年代早期，HK 公司对 HK21 的设计进行了简化，对供弹机构进行了修改。从那时起，HK21 提供两个主要的衍生型，即 HK21A1 通用机枪（可使用不同的弹链供弹的机构）和 HK11A1 自动步枪（只优化了弹匣供弹系统）。

HK21 通用机枪右侧方特写

搭在两脚架上的 HK21 通用机枪

枪体结构

　　HK21 通用机枪具有无须戴上石棉手套即可快速更换式连开槽式枪口消焰器、重型枪管。枪管套右侧有一个类似 MG42 的大型长形开槽，用于拆卸和安装枪管。在枪管右侧尾部有一个用于握持枪管的工程塑料把手，在把手的后部有一个枪管锁定按钮，按下按钮即可把枪管向前拉动，退出机匣，然后就可向后从枪管套抽出。

　　HK21 机枪设有一个以弹簧为动力的抓子爪和抗跳动装置，以防枪机头向前返回闭锁组件时磨擦枪管节套。杠杆式抛壳系统则包含在扳机组件外壳，并在每次射击时由反冲枪机驱动。该枪是以击锤驱动击针来协助射击，并且在枪机闭锁位置发射。

HK21 通用机枪及弹链

作战性能

　　HK21 通用机枪可以轻易地由弹链供弹改为弹匣供弹，只要把其供弹机拆卸下来，然后在其供弹模块上安装上弹匣适配器（弹匣插座），即可使用 HK 公司 G3 或 HK11 轻机枪所使用的 20 发可拆卸式弹匣或 50 发圆形可拆卸式弹鼓作为供弹具。

HK21 通用机枪局部特写

趣闻逸事

电影《黑日危机》中，HK21 通用机枪被安装到快艇的甲板上，装上瞄准镜、HK PSG1 的手枪握把、枪托、前护木／枪管套和枪口制退器，并且被朱丽叶·达·芬奇／雪茄女（玛莉亚·嘉西亚·古欣娜塔饰演）在船上企图摆脱詹姆斯·邦德的控制时使用，最终被丢弃。

HK21 通用机枪子弹特写

TOP 9 RPD 轻机枪

RPD 是一款由瓦西里·捷格佳廖夫设计、苏联制造的 7.62×39 毫米轻机枪。

排名依据

RPD 轻机枪是用于取代苏联 7.62×54 毫米 DP 机枪的。长时间里它是华沙条约组织的制式轻机枪，并作为苏联战后的第一代班支援武器。RPD 也是第一款使用 7.62×39 毫米子弹的机枪，与 SKS 及 AK-47 所使用的弹药相同。

带弹鼓的 RPD 轻机枪

制造历程

苏联枪械设计师瓦西里·捷格佳廖夫早在 1943 年就已经设计了 RPD 轻机枪，但由于当时二战正在进行，产品成型一直到战后才完成。

大量的 RPD 轻机枪

搭在两脚架上的 RPD 轻机枪

枪体结构

RPD 轻机枪拥有 2 根可折叠的两脚架。其弹药从弹鼓中通过一条 100 发子弹的金属弹链输送。弹鼓安装在机匣下方，弹链从左边进入机匣。它使用 7.62×39 毫米子弹，但因使用专门的金属弹链供弹，以致无法直接使用一般步枪的弹匣。枪托和手柄是木质的，其余部分是钢质的。在制动机制方面，RPD 轻机枪采用瓦斯气压传动式，在枪机左右两侧各有一凸耳，利用这 2 个凸耳，使枪机与枪机容纳部完成闭合，属于典型的狄格帖诺夫设计。

RPD 轻机枪及弹鼓

作战性能

RPD 轻机枪的结构简单紧凑，质量较小，使用和携带都较为方便。

一名美国海军陆战队士兵正在使用 RPD 轻机枪

埃及海军陆战队的 RPD 轻机枪

趣闻逸事

　　最早使用 RPD 轻机枪的是苏联，后来它被出口，虽然在原设计 / 生产国的装备时间不长，但 RPD 轻机枪却在亚洲和欧洲的局部战争中得到肯定，包括交战双方的肯定。

MG3 通用机枪

　　MG3 是一款德国莱茵金属所生产的由弹链供弹的通用机枪。

排名依据

　　MG3 通用机枪于 1969 年在德军服役，由于该枪性能优良，所以至今，在一些国家的军队中仍可看到它的身影。相比 MG1A3，MG3 通用机枪改良了供弹系统的运作，使其可同时使用当时美军制式的可分离式金属弹链 M13 与德军制式的连接式金属弹链 DM11，也加入了防空用的瞄准照门，部分零件仍可与原 MG42 互换。MG3 通用机枪在超过 30 个国家和地区使用，合法授权生产的包括意大利、西班牙（MG42/59）、巴基斯坦（MG1A3）、希腊、伊朗、苏丹及土耳其。

ATF Dingo 军用货车上的 MG3 通用机枪

制造历程

　　最早期的 MG3 通用机枪是按德国联邦国防军的要求，由莱茵金属公司在 1958 年以二战中德国的 MG42 为蓝本，改为 7.62×51 毫米北约口径作生产的版本，名为 MG1，其后将瞄准具修改为 7.62×51 毫米北约子弹的弹道及改用镀铬枪管，命名为 MG1A1（又名 MG42/58）。MG1A1 的改良版本为 1959 年的 MG1A2（MG42/59），主要改为较重的击锤(950 克，原为 550 克)、加入新式环形缓冲器以对应美国的 M13 弹链及 DM1 弹链。再后来又加入了枪口制退装置、改良两脚架及击锤，命名为 MG1A3。

德国豹 2A5 坦克上的 MG3 通用机枪

挪威国防军的 MG3 通用机枪

枪体结构

　　MG3 通用机枪以钢板压制方式生产，采用后坐力枪管后退式（管退式）作用运作，内有一对滚轴的滚轴式闭锁枪机系统，这种设计令枪管在发射时会不断地水平来回移动，当枪管移至机匣内部尽头时，闭锁会开启。在枪管进行连续射击时，这个过程会在枪管护套内不断地快速重复，此系统属于一种全闭锁系统，而枪管也会溢出射击时的瓦斯，并在枪口四周呈星形喷出，容易产生巨大的射击火焰。

不完全分解后的 MG3 通用机枪　　　MG42 及 MG3 通用机枪的滚轴式
闭锁枪机系统

作战性能

　　MG3 通用机枪至今仍是现代德国部队装甲战斗车辆及其他军用车辆的主要副武器。该枪只能全自动发射，当开启保险时击锤会锁定，无法释放。

MG3 通用机枪套装

趣闻逸事

　　MG3 通用机枪是豹 2 型坦克、PzH 2000、Marder 步兵战车、ATF Dingo 及 LKW 2to 等军用车辆的主要副武器，也是步兵的班/排用机枪。2013 年，德军决定以 MG5 通用机枪取代 MG3。

美军士兵试射 MG3 通用机枪

Kord 重机枪

　　Kord 重机枪的设计目的是对付轻型装甲目标。目前，Kord 重机枪已经建立了生产线，它正式通过了俄罗斯军队测试并被俄罗斯军队所采用。

排名依据

　　与其前身 NSV 重机枪和绝大多数其他重机枪不同的是，Kord 重机枪新增了构造简单、能让步兵队更容易使用的 6T19 轻量两脚架，可以使机枪利用两脚架协助射击。这一点对 12.7 毫米口径重机枪而言确实是一个独特的功能。它相对较轻的重量和更低的后坐力能让较强壮的士兵无须协助搬动机枪，甚至握紧机枪并以抵腰射姿射击（虽然以实际瞄准射击而言并没有合理的可能性）。

搭在三脚架上的 Kord 重机枪

制造历程

　　20 世纪 80 年代，苏联军队装备的重机枪为 NSV 重机枪。苏联解体后，为了能更好发武装自己的军队，俄罗斯决心打造一款属于自己的重机枪。随后，俄罗斯政府给 V.A. 狄格特亚耶夫工厂下达命令，要求其研制一款能够发射 12.7 毫米口径步枪子弹，并且可以安装在车辆上或具有防空能力的重机枪。V.A.A 狄格特亚耶夫工厂最终推出了 Kord 重机枪。

参加展览的 Kord 重机枪

枪体结构

Kord 重机枪采用了新结构，比它的前身 NSV 重机枪轻便，但其发射机构仍非常坚固。枪口上安装的枪口制退器也有助于降低后坐力。因为一根全新的高科技合金制作而成的枪管最大限度地减少了弹道的变形和下沉，使精度大大增加，甚至超过以前的苏联机枪。除了使用开放式可调节机械瞄具外，机匣的尾部左侧也整合了属于俄罗斯标准的瞄准镜导轨，用于安装PSO-1 等快拆式光学瞄准镜。

Kord 重机枪局部特写

作战性能

虽然 Kord 重机枪的性能、构造和外观都类似于苏联军队制式的 NSV 重机枪，但内部机构已被重新设计。闭锁机构由原来的水平旋转后膛闭锁改为卡拉什尼科夫样式转栓式枪机闭锁机构。此外，气动式操行系统也被修改了，而枪口制退器内的挡板也重新设计。这些变化让该枪的后坐力比 NSV 重机枪降低很多，让其在持续射击时有更强的准确性。供弹方向可以很容易地改变，由右边供弹改为左边供弹。

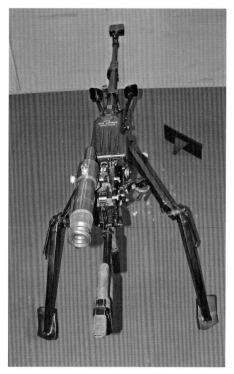

Kord 重机枪后方特写

Kord 重机枪先后出现在电影、电视剧和电脑游戏里，在电子游戏《战地 4》中，Kord 重机枪被安装在 VDV 越野车（主要武器）、SPM-3（借由遥控武器系统的乘员武器）、BTR-90 步兵战车（借由遥控武器系统的乘员武器）、BMP-2M 步兵战车（乘员武器）、T-90A 主战坦克（乘员武器和替代武器方面的"同轴重机枪"）、HT-95 列夫科夫悬浮坦克（借由遥控武器系统的乘员武器和替代武器方面的"同轴重机枪"）和架设在三脚架上（连机枪防盾）并且被俄罗斯军队所使用，单人故事模式中也可被美国海军陆战队精英小队"墓碑"队长丹尼尔·雷克使用。

Kord 重机枪右侧方特写

FN MAG 通用机枪

FN MAG 是一款由比利时国营赫斯塔尔枪械设计师欧内斯特·费尔菲于 1950 年初期研制及同年代后期生产的一种弹链供弹及气动式操控的轻重两用中型通用机枪。

排名依据

FN MAG 通用机枪与俄罗斯 PK 系列一样是目前世界上最流行的通用机枪之一，并在世界各地的武装冲突中被广泛使用。FN MAG 通用机枪是以开放式枪机进行射击。使用开放式枪机的缺点是有可能由于枪机覆盖，造成增加其走火的可能性。发生这种情况的时候足以迫使枪机越过阻铁的控制，即便没有扣下扳机也能连续发射并且不能停止。即使是 FN MAG 通用机枪所设置的保险装置也不能阻止这种情况的发生。

装上了 C79 光学瞄准镜的 FN MAG 通用机枪

制造历程

在 1945 年以后，许多国家的设计人员都试图利用 MG42 的工作原理设计出自己的通用机枪。1950 年年初，比利时 FN 枪械设计师欧内斯特·费尔菲成功研发了一款通用机枪。这款通用机枪就是 FN MAG。

士兵为 FN MAG 通用机枪配备背负式弹箱

枪体结构

FN MAG 通用机枪的机匣结构与勃朗宁机枪相似，为长方形冲铆件机匣，强度较好，而且机匣内部、表面均采用表面镀铬处理。机匣前后两端经过加强，分别容纳枪管节套、活塞筒、枪托和缓冲器。机匣内侧有纵向导轨用以支撑及引导枪机组件的往复运动。在机匣导轨的限制下，枪机在复进到位时，闭锁杆向下摆动，闭锁支承面位于机匣底部；当闭锁完成时，闭锁杆抵在闭锁支承面上。拉机柄导槽位于机匣右侧，抛壳口位于机匣底部。

在以色列拉特伦的博物馆上展出的 FN MAG 通用机枪

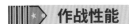

作战性能

　　FN MAG 通用机枪采用开放式枪机射击。从弹簧为动力的抽壳钩和抛壳顶杆都包含在枪机里。在发射后，发射过的弹壳会从机匣基座上的抛壳口（使用 MG42 型弹簧定位式抛壳口防尘盖覆盖整个抛壳口）抛出枪外。

士兵使用 FN MAG 通用机枪执行任务训练

　　FN MAG 通用机枪在电影《敢死队 2》中，被李·圣诞（杰森·斯塔森饰演）在突击队的水上飞机和敌方的快艇追逐其间于飞机机头上对敌方扫射时使用。

一名美国海军陆战队使用英国的 MAG 版本
L7A2 机枪射击

5 TOP MG42 通用机枪

　　MG42 通用机枪是德国于 20 世纪 30 年代研制的，它是二战中最著名的机枪之一。

排名依据

　　拜优良设计所赐，原始版本的 MG42 通用机枪直到 20 世纪末在东南欧仍能看见其身影，而衍生型的开发并未因纳粹德国的战败而停滞；如从 MG42/59 衍生出的 MG1，到 MG2，以及 MG3，除了时代的变迁与型号的改变外，MG42 通用机枪的身影与影响依旧跨越时代。如瑞士生产的 SIG 710-3、MG42/59，以及 5.56 毫米的西班牙 CETME 机枪，几乎都是 MG42 通用机枪的翻版；美军的 M60 通用机枪也摆脱不了 MG42 通用机枪的影子。尽管 Ameli 机枪与 MG3 通用机枪都可以算得上是冷战时期的产物，然而其优越的设计使其在许多国家继续在 21 世纪服役下去。

制造历程

　　早在二战前的西班牙内战已经给了德国军方很多满意的武器测试结果，MG34 通用机枪就是其中之一。但 MG34 通用机枪对于飞沙走石过于敏感，成本也很高（在工时与材料上），因此后来衍生出加强版的 MG34S 型。另外位于

架在两脚架上的 MG42 通用机枪

萨克森窦柏恩由保罗·库特·约翰尼斯创办的"大脚约翰尼斯金属烤漆厂有限公司"也进行了 MG34 的量产方式改良计划，以缓压低量产的压力。

　　改善工程由维纳·古诺博士主导。古诺博士本人擅长的其实是冲压制造技术，对于武器的开发并非科班出身，不过凭借其丰富的钢材知识，并在其他技术人员的协助下，达成了两项始料未及的里程碑：新的机枪设计及低廉成本。此设计暂名 MG39。外形上没有变动，跟 MG34 通用机枪无异。

　　之后进行实战测试，并于 1941 年完成测试，其成果受到德国军方认可，经过微调修改后于 1942 年开始量产，正式定名为 MG42。

二战时期的 MG42 通用机枪

MG42 通用机枪及弹链

MG42 通用机枪采用反冲后坐操作滚轮式枪机进行枪支操作，并且采用短行程反冲后坐行程与枪口增压器增强枪机的运作速率。该枪的枪机包括 1 个枪机头、1 对滚轴、1 个击槌套、枪机槽，以及 1 个粗大的复进簧。这些组件负责将枪机向前推进击发子弹后再向后进行退壳、抛壳、重新进弹的全自动程序，粗大的复进簧除了承受枪机的反冲后坐之外，也将待命的击槌向前推回。MG42 通用机枪的枪机与药室的后缘相契合，即枪管后缘是分叉式，枪机头顶进开叉的部分就形成了闭锁。

黑色涂装的 MG42 通用机枪

作战性能

MG42 通用机枪本身带有可更换枪管设计，性能优于东欧生产的机枪。严格来说，MG42 通用机枪的射速理论上是要通过更换不同重量的枪机座才能打出比其他同时代机枪快 4 倍的射击速率。

MG42 通用机枪后侧方特写

MG42 通用机枪的射速极高，每分钟高达 1500 发，射击时，不同于其他机枪，具有类似"撕裂布匹"的枪声，盟军称其为"希特勒的电锯"。

灰色涂装的 MG42 通用机枪

M249 轻机枪

M249 轻机枪是美国以比利时 FN 公司的 FN Minimi 轻机枪为基础改进而成，从 1984 年开始在美军服役至今。

排名依据

M249 轻机枪在 1984 年正式成为美军三军制式班用机枪，也是步兵班中最具持久连射火力的武器。在 1991 年海湾战争开始，美军的每次军事行动及战争皆可见到 M249 轻机枪的踪影，虽然有不少报告指出 M249 轻机枪被沙或泥阻塞影响运作，但大部分士兵都对其作战表现满意。而随着服役年限及重量问题，美国海军陆战队（USMC）研究一种介于突击步枪与轻机枪的全自动武器计划，名为步兵自动步枪计划，并在该计划中选择了 HK M27 步兵自动步枪作为一部分 M249 轻机枪的替代品。

M249 轻机枪及其弹链

M249 轻机枪及其弹匣

射击中的 M249 轻机枪

制造历程

20 世纪 60 年代，随着班用武器的小口径化，美军的班用机枪也朝这个方向发展。虽然美军装备有 M16 轻机枪和 M60 通用机枪，但前者的持续射击性能不好，后者的重量又过大。

于是美军公开招标新型小口径机枪，当时有不少的老牌枪械公司来投标，其中有比利时 FN 公司。经过角逐后，FN 公司胜出，于是美军决定采用 FN 公司的机枪，并命名为 XM249 轻机枪。

随后，美军又对 XM249 轻机枪作了一些测试，结果都符合其要求，于是将 XM249 正式作为制式武器，并更名为 M249 轻机枪。

枪体结构

M249 轻机枪采用开放式枪机及气动式原理运作，当扣动扳机时，枪机和枪机连动座在受到复进簧的推力下向前移动，子弹脱离弹链并进入膛室，击针击发子弹后，膨胀气体经枪管进入导气管回到枪机内，并使弹壳、弹链扣排出，同时拉入弹链及带动枪机和枪机连动座回到待击状态，多余的气体会由导气管末端的排气口排出。

作战性能

相对 FN Minimi 轻机枪来说，M249 轻机枪的改进包括加装枪管护板、采用新的液压气动后座缓冲器等。改进后的 M249 轻机枪精确度比一般步枪高，能提供稳定的持续作战射速，排气口上的气体调节器可改变排气流量，从而调节至每分钟 750 ～ 1000 发的理论射速，以确保在寒冷天气或枪械极度污脏等的环境下顺畅运作。

M249 轻机枪左前方特写

士兵用 M249 轻机枪对目标进行瞄准

趣闻逸事

电影《13 小时：班加西的秘密士兵》中，型号为 M249 伞兵 PIP 型的轻机枪至少有 1 挺装有 ACOG 光学瞄准镜，被包括约翰·泰格·泰根和克里斯·坦托·帕朗多在内的 AST 队员使用。

士兵用 M249 轻机枪进行射击训练

布伦轻机枪

布伦轻机枪又称布朗轻机枪，是二战中英国军队装备的主要轻机枪。

排名依据

布伦轻机枪，也是二战中最好的轻机枪之一。由于其性能可靠及出色，二战结束后仍被众多英联邦国家军队继续装备，后期英军更改为北约7.62×51毫米 NATO 制式口径服役，并命名为"L4"，于1957年开始由军方使用，改进后包括 L4A1~L4A7 等7种类型。

后期型布伦轻机枪

制造历程

布伦轻机枪最初由捷克斯洛伐克布尔诺兵工厂所设计的 ZB vz.26 参加英国新型轻机枪选型，1933年被英国军方选中，之后英国取得了 ZB vz.26 的生产执照，并根据英国军方的要求改进而来。

1935 年英国正式将该枪列装为制式装备，并从捷克斯洛伐克购买了该枪的生产权，由恩菲尔德兵工厂制造，1938 年投产 MK I，命名为"布伦轻机枪"（Bren LMG），英国军方习惯将其简称为"布伦枪"。1941 年生产 MK II，1944 年则生产 MK II 及 MK IV，主要提供给军方作为班支援武器。

二战时期的英军士兵使用布伦轻机枪

英军双联装布伦防空机枪

枪体结构

布伦轻机枪采用导气式工作原理，枪管下方备有瓦斯汽缸及瓦斯活塞，枪机采用偏转式闭锁方式，即利用枪机后端的上下摆动来完成闭锁。弹匣位于机匣的上方，从机匣正下方抛壳。该枪与 ZB vz.26 明显的区别是将枪管口径改为 7.7 毫米，发射英国军队的标准步枪子弹。为了适应英国军队使用的有底缘步枪子弹改成 29 发容量的弧形弹匣，该枪较其原型缩短了枪管与导气管，并取消了枪管散热片。

布伦轻机枪及其组件

作战性能

布伦轻机枪经过严苛的测试，良好的作战能力使得它的使用范围十分广泛。与美国的勃朗宁自动步枪一样，能够提供压制和支援火力。

布伦轻机枪右侧方特写

黑色涂装的布伦轻机枪

趣闻逸事

"布伦"的命名源于捷克斯洛伐克生产商布尔诺公司和英国生产商恩菲尔德兵工厂的两个首字母。

M60 通用机枪

M60 通用机枪从 20 世纪 50 年代末开始在美军服役，至今仍是美军的主要步兵武器之一。

排名依据

M60 通用机枪是美军的制式机枪，作为支援及火力压制武器，为西方国家的机枪发展史奠定了基础。由于火力持久而颇受美军士兵爱戴，获多国军队采用。但随着多种相同功用机枪的出现及轻兵器小口径化，M60 通用机枪的设计已显得过时，除部分特种部队外，美军以 M240 通用机枪作取代，而 M60B/C/D 车载型及航空机枪仍旧使用。

搭在三脚架上的 M60 通用机枪

制造历程

二战中，美国从战场上缴获了大量的德军枪械，使得美国春天兵工厂从中汲取了不少的设计经验。在参考了 FG42 伞兵步枪和 MG42 通用机枪的部分设计后，结合桥梁工具与铸模公司的 T52 计划及通用汽车公司的 T161 计划，产生了全新的 T161E3 机枪（T 为美军武器试验代号）。1957 年，T161E3 机枪在改进后正式被命名为 M60 通用机枪，用以取代老旧的 M1917 及 M1919 重机枪。

M60 通用机枪左侧方特写

装在美军悍马吉普车上的 M60 通用机枪

枪体结构

M60 通用机枪采用导气、气冷、开放式枪机设计，导气管固定在可更换的枪管上，由北约 7.62×51 毫米 NATOM13 弹链供弹，枪管上附有两脚架，也可对应 M2 三脚架及 M122 三脚架。在调整立式标尺后，可有效命中 200

米移动点目标及 600 米静止点目标,对 1500 米以内的目标可提供压制火力。

▌▌▌▶ 作战性能

  M60 通用机枪总体来说性能还算优秀,但也有一些缺点,如早期型的机匣进弹有问题,需要托平弹链才能正常射击。而且该枪的重量较大,不利于士兵携行,射速也相对较低,在压制敌人火力点的时候有点力不从心。

M60 通用机枪左前方特写

士兵使用 M60E3 通用机枪进行射击训练

趣闻逸事

  在部分 UH-1 直升机机身图腾上有 M60 通用机枪的踪影。

士兵使用 M60E4 通用机枪

配用弹药

　　M60 通用机枪采用美国军方的 7.62×51 毫米 M13 可散式弹链，一般每四发普通子弹后配一发曳光弹。除 M80 普通弹和 M62 曳光弹外，M60 通用机枪还能使用 M61 穿甲弹、M63 教练弹（训练用）、M82 空包弹等。

M60 通用机枪使用的 M13 可散式弹链

经过简单伪装的 M60 机枪手

衍生型号

名　称	说　明
M60	基本型，1957 年开始大量生产及装备美军部队
M60E1	第一个改进型，但没有投产
M60E2	为当时美军坦克或装甲车的同轴机枪而设计，只保留了主要枪机及加长枪管，改为电子控制击发系统
M60B	在 20 世纪 60—70 年代用于直升机上以手动操作的航空机枪版本
M60C	20 世纪 60—70 年代用于美军直升机，移除一切不必要部件，以柔性输弹槽把弹链从弹箱送到机枪，改为电子控制击发系统及液压驱动
M60D	用于取代 M60B，保留两脚架，改用环型照门，移除握把，以柔性输弹槽供弹
M60E3	出现在 20 世纪 80 年代，大量改进及轻量化，但没有正式采用及大量生产，只少量装备
M60E4	1994 年出现的改进型，重量较轻，可以作为轻机枪使用
Mk 43 Mod 0/1	M60E4 的改进型，在 1995 年推出，装备美军特种部队
M60E6	以 Mk 43 Mod 0/1 作基础，并降低了重量

美国海军"海豹"突击队员
使用 M60E3 通用机枪

美国空军士兵以站姿操作 M60 通用机枪

▷ 主要用户

国　　家	单　　位
美国	美国军队、特种作战司令部、缉毒局、部分地方警察部门
英国	英国空军、特种部队
韩国	韩国军队
葡萄牙	葡萄牙陆军
菲律宾	菲律宾军队
以色列	以色列军队
意大利	意大利特种部队
希腊	希腊军队、特种部队
丹麦	丹麦陆军
捷克	捷克特种部队
澳大利亚	澳大利亚军队
西班牙	西班牙军队

美国陆军士兵在装甲车上使用 M60 通用机枪

美国空军士兵使用 M60 通用机枪

美国海军士兵在两栖攻击舰上使用 M60 通用机枪

M2 重机枪

M2 重机枪是由约翰·勃朗宁在一战后设计的一款重机枪。

排名依据

　　M2 重机枪从 1921 年开始服役至今，经历了二战、朝鲜战争、越战、海湾战争、2001 年阿富汗战争、伊拉克战争，可以说是极为成功的重机枪设计，也是美军轻武器中服役时间最长的一种，直到 21 世纪在各国服役皆有很好的评价。

M2 重机枪右侧面特写

制造历程

　　M2 重机枪其实是勃朗宁 M1917 的口径放大重制版本。1921 年，新枪完成基本设计，1923 年美军把当时的 M2 命名为"M1921"，并用于 1920 年的防空及反装甲用途。1926 年勃朗宁去世，在之后的 1927—1932 年，由美国的塞缪尔·格林博士根据军方需求针对 M1921 的设计做出调整。1930 年，柯尔特还针对 M1921 推出了部分改进版本，如 M1921A1 与 M1921E2。1932 年，改进版本正式被美军命名为"M2"。当时部分的 M2 机枪安装有水冷散热装置，早期的气冷式 M2 机枪由于枪管太轻，无法承受多角度全方位射击要求，容易过热,后又推出改用重枪管的版本,命名为"M2HB"（Heavy Barrel），后来又推出可快速更换枪管的"M2QCB"（Quick Change Barrel）及轻量化版本，这些版本一直沿用至今。

二战期间的 M2 重机枪

无三脚架的 M2 重机枪

枪体结构

M2 重机枪净重 38 千克，其 M3 三脚架全重 20 千克，V 字扳机装在机匣尾部并附有 2 个握把，射手可通过闭锁或开放枪机来调节为全自动或半自动发射。该枪用途广泛，为了对应不同配备，它可在短时间内改为机匣右方供弹而无须专用工具。由于发射训练用途的空包弹膛压较低，需在枪管以 3 条特制金属管装上空包弹助推器以确保有足够燃气来保持自动循环。

M2 重机枪后侧方特写

作战性能

　　M2 重机枪使用 12.7 毫米口径 NATO 弹药，具有高火力、弹道平稳、极远射程的优点，每分钟 450 ～ 550 发（二战时空用版本为每分钟 600 ～ 1200 发）的射速及后坐作用系统令其在全自动发射时十分稳定，射击精度高。

安装在作战车辆上的 M2 重机枪

作为空战武器的 M2 重机枪

　　二战时的美国战斗机（如 P-51 野马、F6F 地狱猫和 F-86 军刀）的空战武器皆为 4 ～ 8 挺（通常是 6 挺）AN/M2 重机枪，F-86 军刀使用的 M2 重机枪面对机身以钢板蒙皮的 MiG-15 已经开始力不从心，遂逐渐将空战武器的位置让位给机炮，除了战斗机，美国轰炸机（如 B-17 空中堡垒和 B-24 解放者）皆以 AN/M2 重机枪作为机枪手操作的防卫机枪。

配用弹药

M2 重机枪采用单程输弹、双程进弹的供弹机构，拨弹杆尾端的导柱卡入枪机顶部的曲线槽内，当枪机做往复运动时，实现供弹动作。该枪发射 12.7×99 毫米口径机枪弹，包括普通弹、穿甲燃烧弹、穿甲弹、曳光弹、穿甲曳光弹、穿甲燃烧曳光弹、脱壳穿甲弹、硬心穿甲弹、训练弹等。M2 重机枪发射普通弹时的最大射程可达 7.4 千米，装上三脚架后也有 1.8 千米的有效射程。由于发射训练用途的空包弹时膛压较低，需要在枪管上以 3 条特制金属管安装空包弹助退器（Blank-firing adapter，BFA），以确保有足够燃气来保持自动循环作用。

M2 重机枪在夜间开火时的枪口焰

美国陆军士兵在阿拉斯加州的寒冷
环境中使用 M2 重机枪

衍生型号

名 称	说 明
M1921	采用水冷式结构、仅能自左侧进弹、枪管较后续服役的型号要轻
M2	M1921 的改进版本，1932 年问世，正式被美军命名为 "M2"。由于枪管太轻，无法承受多角度全方位射击要求，且容易过热
M2HB	改用重枪管的版本，HB 是 Heavy Barrel（重枪管）的首字母缩写
M2QCB	可快速更换枪管的版本，QCB 是 Quick Change Barrel（快速更换枪管）的首字母缩写

使用 M2HB 重机枪的美国海军陆战队特种兵

装在舰艇上的 M2HB 重机枪

▌▌▌★▷ 实战掠影

　　M2 重机枪自 1921 年开始服役以来，经历了二战、越南战争、海湾战争、2001 年阿富汗战争及伊拉克战争等多场战争与武装冲突，可以说是极为成功的重机枪设计，也是美军轻武器中服役时间最长的一种，直到 21 世纪在各国军队中皆有很好的评价，至今仍然是很多国家的制式重机枪。

美国海军特种兵使用 M2 重机枪

美国海军"阿利·伯克"级驱逐舰上的士兵正在使用 M2 重机枪

正在操作 M2 重机枪的美军士兵

Chapter 04

突击步枪

　　突击步枪是根据现代战争的要求，将步枪和冲锋枪所固有的最佳战术与武器性能成功地结合起来的一种有效武器，具有冲锋枪的猛烈火力和接近普通步枪射击的威力。本章详细介绍了突击步枪史上影响力最大的十种型号，并根据其历史影响力、综合性能、威力大小等因素进行了客观公正的排名。

服役时间与生产厂商

TOP10　StG44 突击步枪	
服役时间	1944—1945 年
生产厂商	黑内尔公司（C.G.Haenal AG, DE），该公司著名设计师是路易斯•施迈瑟，他与贝格曼 MP18 冲锋枪的发展和生产有关，该冲锋枪首先由德军在一战期间使用，其子胡戈•施迈瑟也是著名步兵武器设计师

TOP9　AKM 突击步枪	
服役时间	1959 年至今
生产厂商	伊兹玛什工厂前称是伊热夫斯克兵工厂，最初是于 1760 年建立的以生产轻武器和大炮配件为主的铁器厂，1763 年由沙皇俄政府接管并开始生产武器。进入 20 世纪，十月革命胜利后，作为新诞生的苏联兵工厂生产了几乎所有的轻武器。1991，伊热夫斯克兵工厂更名为伊兹玛什工厂

TOP8　AK-74 突击步枪	
服役时间	1974 年至今
生产厂商	伊兹玛什工厂前称是伊热夫斯克兵工厂，最初是于 1760 年建立的以生产轻武器和大炮配件为主的铁器厂，1763 年由沙皇俄政府接管并开始生产武器。进入 20 世纪，十月革命胜利后，作为新诞生的苏联兵工厂生产了几乎所有的轻武器。1991，伊热夫斯克兵工厂更名为伊兹玛什工厂

TOP7　SIG SG 550 突击步枪	
服役时间	1990 年至今
生产厂商	20 世纪，SIG 已经发展为瑞士一家大型工业公司，总部一直设在诺伊豪森。20 世纪 90 年代是西方枪械生产厂合并和分家的旺季，许多著名品牌都换了东家，SIG 集团一直撑到 21 世纪，但最终在 2000 年中期把 SIG Arms 卖给了一家名为"瑞士轻武器"的私营公司

TOP6　FN FNC 突击步枪	
服役时间	1979 年至今
生产厂商	比利时 FN 公司没有正式中文译名，字面直译为"赫尔斯塔尔国有工厂"，是比利时的一家枪械制作及生产公司，在美国有分部 FNMI（FNH USA），主要研制及开发各类枪械与子弹

TOP5　AUG 突击步枪	
服役时间	1978 年至今
生产厂商	自 14 世纪开始，奥地利的斯泰尔城就已经是有名的金属加工中心，并已经开始铸造武器。在 17 世纪中期，那里每年都为国王的军队生产出数千把步枪、骑枪和手枪。为了扩展公司业务，斯太尔·曼利夏公司于 1994 年接管了德国苏尔地区的苏勒狩猎和运动枪有限公司

TOP4　FAMAS 突击步枪	
服役时间	1981 年至今
生产厂商	GIAT 集团是历史悠久的法国军火制造商，又称伊西莱姆利罗公司，其前身可追溯到 1690 年。当时波旁王朝国王路易十四在小镇图尔设立兵工厂，从事王家军队的武器生产。其总部设在巴黎郊外的布尔歇

TOP3　HK G36 突击步枪	
服役时间	1997 年至今
生产厂商	黑克勒 - 科赫是德国的一家枪械制造公司，位于巴登 - 符腾堡邦的内卡河河畔奥伯恩多夫，在美国也有分部，以诸多类型的手持武器著称

TOP2　M16 突击步枪	
服役时间	1963 年至今
生产厂商	柯尔特公司是一家轻武器制造公司，于 1855 年由塞缪尔·柯尔特成立。1864 年，柯尔特公司和临近的一些办公室遭遇火灾；1867 年，柯尔特公司开始生产加特林机枪；2015 年 6 月 14 日晚，柯尔特公司发布声明，申请破产

TOP1　AK-47 突击步枪	
服役时间	1949 年至今
生产厂商	伊兹玛什工厂前称是伊热夫斯克兵工厂，最初是于 1760 年建立的以生产轻武器和大炮配件为主的铁器厂，1763 年工厂由沙皇俄国政府接管并开始生产武器。进入 20 世纪，十月革命胜利后，作为新诞生的苏联兵工厂生产了几乎所有的轻武器。1991，伊热夫斯克兵工厂更名为伊兹玛什工厂

枪体尺寸

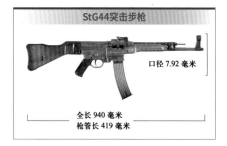

StG44突击步枪

口径 7.92 毫米

全长 940 毫米
枪管长 419 毫米

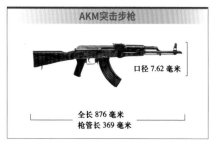

AKM突击步枪

口径 7.62 毫米

全长 876 毫米
枪管长 369 毫米

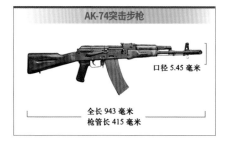

AK-74突击步枪

口径 5.45 毫米

全长 943 毫米
枪管长 415 毫米

SIG SG 550突击步枪

口径 5.56 毫米

全长 998 毫米
枪管长 528 毫米

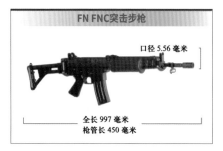

FN FNC突击步枪

口径 5.56 毫米

全长 997 毫米
枪管长 450 毫米

AUG突击步枪

口径 5.56 毫米

全长 790 毫米
枪管长 508 毫米

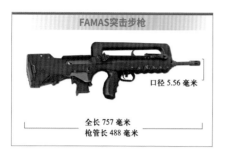

FAMAS突击步枪

口径 5.56 毫米

全长 757 毫米
枪管长 488 毫米

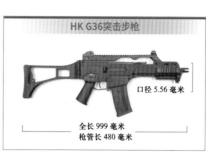

HK G36突击步枪

口径 5.56 毫米

全长 999 毫米
枪管长 480 毫米

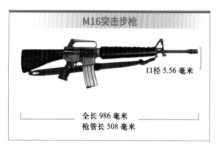

M16突击步枪

口径 5.56 毫米

全长 986 毫米
枪管长 508 毫米

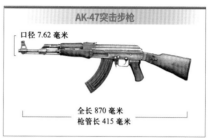

AK-47突击步枪

口径 7.62 毫米

全长 870 毫米
枪管长 415 毫米

基本性能数据对比

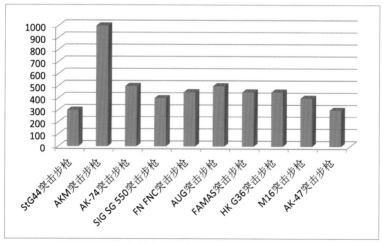

最大弹容量对比图（单位：发）

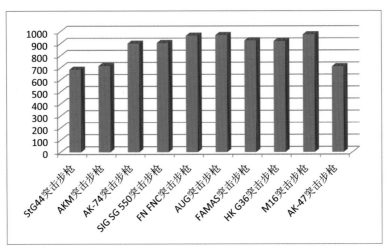

枪口初速对比图（单位：米／秒）

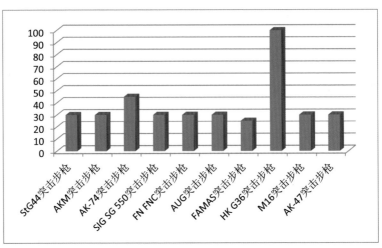

有效射程对比图（单位：米）

StG44 突击步枪

StG44 突击步枪也叫 MP44，是德国在二战时期研制并装备的一款突击步枪。

排名依据

StG44 突击步枪是首先使用短药筒的中间型威力枪弹并大规模装备的自动步枪，是现代步兵史上划时代的成就之一。该枪的设计概念影响深远，从最早的 AK-47、到比利时原先构想 FAL 时所欲采用的概念，直至美国士兵于战场上遭到手持 AK-47 的士兵痛袭，而从国内众多步枪设计案中选出概念最接近的 AR-15，命名为 M16，并装备美军部队。从此该设计理念被广泛运用至亲苏、亲美国家的武器中。除了纳粹德国采用外，阿根廷也曾少量采购 StG44 突击步枪用作测试。

StG44 突击步枪套装

制造历程

实战证明，20 世纪初的标准步枪弹药对自动步枪来说威力过大，在连发射击时很难控制精度，而且这种步枪弹的重量也较大，不利于单兵携带。于是德国陆军在 20 世纪 30 年代后期开始研究一种威力稍小的短药筒弹药，以便能更好地对应全自动步枪。1941 年，德国经过反复实验后成功研制出一种规格为 7.92×33 毫米的短药筒弹药，后来被称为中间型威力枪弹。之后，基于这种弹药的新型自动步枪也很快被研制出来，即 StG44 突击步枪。

StG44 突击步枪在二战中没有发挥多大作用，二战结束后，由于自身性能的局限，StG44 突击步枪很快就退出了历史舞台。就 StG44 突击步枪本身而言，其并没有随着德国的投降而消失，而是在一些国家军队中长期服役。苏联在 1945 年前缴获的大量 StG44 突击步枪，在冷战期间提供给它的友好国家。东德重新武装之初，装备的就是苏联红军缴获的德国 StG44 突击步枪。在西德，当时的国防军军官甚至主张将 StG44 突击步枪作为新的制式武器。在近期非洲很多的地区冲突中，仍然有人使用这款古董级的武器。

警察使用 StG44 突击步枪进行射击

德国士兵用 StG44 突击步枪进行作战

▌▌▌▶ 枪体结构

StG44 突击步枪采用气导式自动原理，枪机偏转式闭锁方式；枪弹击发后，小部分气体顺着枪管上的小孔经过导气管导入机匣，用以推动枪机向后完成抛壳、重新上膛、再击发。弧形弹匣能装入 30 发子弹，远比任何现役步枪来得多，减少激战时更换弹夹的次数；刻意前置的瞻孔设计，是为了能让士兵在光线不足的环境中进行大致的瞄准，虽然如此会牺牲掉部分远距打击的精度，但毕竟该枪原初设计上并非是作为精确射击之用，为了弥补这项缺陷，早期版本甚至可加装光学瞄准镜。

黑色涂装的 StG44 突击步枪

▌▌▌▶ 作战性能

　　StG44 突击步枪具有冲锋枪的猛烈火力，连发射击时后坐力小易掌握，在 400 米距离内拥有良好的射击精度，威力也接近普通步枪弹，且重量较轻，便于携带。该枪成功地将步枪与冲锋枪相结合，受到德国前线部队的广泛好评。

　　从冲锋枪的 20 弹匣、32 发弹鼓，到机枪的 300 发弹链、50 发弹鼓，德国设计师根据实战对于火力的需要和步兵携带弹药的体力上限，依据持续作战的需要，选择了 30 发弧形弹匣。30 发弹匣重量适中，单兵可以大量携带。同时能够很好地保证火力的持续性。在实战中，三四个手持 StG44 突击步枪的德军士兵，往往可以压制住一个班的手持 M1 的美军士兵。

StG44 突击步枪左侧方特写

趣 闻 逸 事

　　在游戏 CS 中，官方介绍 StG44 突击步枪使用 30 发 7.92 毫米库尔兹弹，是历史上最早诞生的突击步枪，在其之后很长一段时间内诞生的突击步枪，都是参考了咆哮飓风 StG44 的设计理念进行改良的。咆哮飓风 StG44 拥有可以媲美 AK47 的巨大威力，但后坐力也同样巨大，扫射时很难进行控制。

手持 StG44 突击步枪的士兵

AKM 突击步枪

AKM是由卡拉什尼科夫在AK-47突击步枪的基础上改进而来的突击步枪。

排名依据

　　AKM 突击步枪与 AK-47 相比重量较轻、射击精度较高、可靠性更强。由于采用了许多新技术，该枪改善了不少 AK 系列的固有缺陷。直至第二次车臣战争仍可在俄军及特种部队手上发现其踪影（车臣武装军也大量装备），主要原因是俄军普遍认为 AKM 突击步枪比起发射 5.45×39 毫米的 AK-74 突击步枪在城市战中更为有效，而且发射 5.45×39 毫米枪弹的枪械并不适合许多战术任务，在远距离上小口径子弹又缺乏足够的杀伤力，遭到了部队的质疑。

AKM 突击步枪左侧方特写

制造历程

　　AKM 突击步枪于 1959 年投产，逐渐取代 AK-47 突击步枪成为苏联军队的制式步枪。作为 AK-47 突击步枪的升级版，AKM 突击步枪更实用，更符合现代突击步枪的要求。时至今日，俄罗斯军队和内务部队仍有装备。此外，一些苏联加盟共和国及第三世界国家也有装备，还有一些国家进行了仿制及改良。

埃塞俄比亚士兵使用 AKM 突击步枪　　　　射击中的 AKM 突击步枪

枪体结构

　　AKM 突击步枪的弹匣改用轻合金制造，并能与原来的钢质弹匣通用，后期生产厂家还研制了一种玻璃纤维塑料压模成型的弹匣，也可以完全通用。枪托、护木和握把皆采用树脂合成材料制造，使全枪的重量减轻。枪机和枪机框表面经过磷化处理，活塞筒前端有 4 个半圆形缺口，恰好与导气箍类似的缺口配合。机匣两侧各有一个很小的弹匣定位槽，机匣盖上有加强筋。

AKM 突击步枪套装

作战性能

　　AKM 突击步枪扳机组上增加的"击锤延迟体"，从根本上消除了哑火的可能性。在试验记录上，AKM 突击步枪未出现一次因武器方面引起的哑火现象，可靠性良好。此外，AKM 突击步枪的下护木两侧有突起，便于控制连射。

带刺刀的 AKM 突击步枪

趣闻逸事

在网络游戏 CS 枪王之王中，这样描述 AKM 突击步枪："AKM 是一款使用 30 发 7.62 毫米子弹的俄罗斯制式步枪。由名声赫赫的 AK47 突击步枪改进而来，在重量以及后坐力上，均有着显著的改善。只有 54 级或以上军衔才可以使用。"

AKM 突击步枪局部特写

AK-74 突击步枪

AK-74 是卡拉什尼科夫于 20 世纪 70 年代在 AKM 突击步枪基础上改进而来的突击步枪。

排名依据

AK-74 突击步枪是苏联军队装备的第一款小口径突击步枪，也是世界上大规模装备部队的第二种小口径步枪（第一种是美国的 5.56 毫米 M16）。AK-74 突击步枪虽然由 AKM 改良而成，但也加入了许多新设计，由于改用了 5.45 毫米子弹，枪管口径与膛室也要修改，枪口也换上了大型的枪口制退器，这款枪口制退器除有助于减少后坐力外，也有效地将发射声音往前方扩散。AK-74 突击步枪射击时枪托所受的后坐力为 1.42 米每千克，AKM 突击步枪则为 4.31 米每千克。即使是未经过训练的人也能很轻松地进行全自动射击，而且散布精度比其他同类枪械要高。

AK-74 突击步枪及弹匣

制造历程

20 世纪 60—70 年代，由于美国 M16 突击步枪的成功，许多国家都纷纷研制小口径步枪。鉴于小口径枪弹的综合性能高于 7.62 毫米中间型威力子弹，苏联也开始研制新型的小口径步枪弹及武器，AK-74 突击步枪和 1974 型步枪弹（5.45×39 毫米）因此诞生。该枪于 1974 年开始设计，同年 11 月 7 日在莫斯科红场阅兵仪式上首次露面，随后成为苏联军队制式装备。

黑色涂装的 AK-74 突击步枪

AK-74 突击步枪后侧方特写

枪体结构

AK-74 突击步枪的弹匣为塑料制造。枪口装置外表为圆柱形，完全是整体机加工出来的，内部为双室结构；前室的两侧各铣有一个大的方形开口，开口的后断面切割出锯齿形槽；后室开有 3 个泄气孔，分布于上面和右侧面。

士兵携带 AK-74 突击步枪

|||||▶ 作战性能

与 AK-47 和 AKM 相比，AK-74 突击步枪的口径更小，射速提高，后坐力也减小。由于使用小口径弹药并加装了枪口装置，AK-74 连发的散布精度大大提高，不过单发精度较低，而且枪口装置导致枪口焰比较明显，尤其是在黑暗中射击时。

俄罗斯士兵正在使用 AK-74 突击步枪

趣闻逸事

在电影《硬核大战》中，型号为 AK-74M 的突击步枪被雇佣兵所使用。电子游戏《生化危机 5》中同样有 AK-74 突击步枪的身影。

AK-74 突击步枪右侧方特写

SIG SG 550 突击步枪

SIG SG 550 是由瑞士 SIG 公司于 20 世纪 70 年代研制的突击步枪，是瑞士陆军的制式步枪。

排名依据

SIG SG 550 突击步枪也是世界上最精确的突击步枪之一。配用的弹匣是用半透明塑料制成的，在弹匣壁两侧附有弹匣连接卡榫，能够使多个弹匣无须附加其他装置就可以很方便地并联在一起（HK G36 突击步枪的弹匣也是采用了这种设计）。弹匣的固定方式为 AK 的前钩后挂式，故无法使用 STANAG 弹匣。SIG SG 550 突击步枪的枪口消焰器可直接发射北约标准枪榴弹。

制造历程

20 世纪 70 年代后半期，在世界轻武器出现小口径研发浪潮下，瑞士军方也决定寻求一种小口径步枪，取代部队装备的 SG 510 系列 7.62 毫米步枪。经过评比，瑞士军方在 1983 年 2 月最终选择了瑞士工业公司的 SG541 步枪，采用后命名为 SG 550。除瑞士陆军以外，还有巴西、智利、法国、德国、印度、印度尼西亚、马来西亚、马耳他、波兰、罗马尼亚、西班牙等国的军队或特种部队采用。

瑞士士兵使用 SIG SG 550 突击步枪

装有刺刀的 SIG SG 550 突击步枪

枪体结构

SIG SG 550 突击步枪的复进簧绕在活塞杆上，位于枪管上方。其活塞头有自动关闭功能，当进入导气箍内的少量火药气体推动活塞后坐，使机框后坐的时候，活塞头又会暂时关闭导气孔，减少了进入导气管中的气体，而且导气管上有一个向外排泄多余气体的气孔，因此导气管中的气体量有限，这样可避免活动部件的剧烈运动。

折叠枪托状态的 SIG SG 550 突击步枪

作战性能

SIG SG 550 突击步枪的主要优点是射击精度高、可靠性强，缺点则是重量较重，导致其机动性降低。

SIG SG 550 突击步枪分解图

电子游戏《战争前线》中有 SG 550 狙击型与 SG 551 两种型号，其中 SG 550 狙击型使用 20 发弹匣，是狙击手专用武器，高级解锁，可改装所有配件。此外，它还有都市迷彩涂装版本，增强了威力和射程，也可改装所有配件。

SIG SG 550 突击步枪左侧方特写

FN FNC 突击步枪

　　FN FNC 是比利时国营赫斯塔尔（FN）公司在 20 世纪 70 年代中期生产的突击步枪，由 FN CAL 突击步枪的设计改进而成。

排名依据

　　FN FNC 突击步枪的外形和 FN CAL 基本相同，主要区别是 FNC76 的冲压钢机匣的结构简化，而且用 2 个对称的闭锁凸榫代替 FN CAL 枪机上的两排闭锁断隔螺，实际上 FN FNC 突击步枪的长行程导气活塞和双闭锁凸榫枪机是参照了AK 系统的设计。另外，FN FNC 突击步枪使用比利时研制的 SS109 子弹。由于SS109 子弹采用铅 / 钢复合式弹芯，弹头重量也加大至 4.02 克，因此远距离性能大为改善。

士兵在使用 FN FNC 突击步枪进行射击训练

试射 FN FNC 突击步枪的德军士兵

装有刺刀的 FN FNC 突击步枪

制造历程

20 世纪 70 年代中期，为了参加北约小口径步枪选型试验，FN 公司在 FN CAL 突击步枪的基础上研制 FN FNC 突击步枪，并于 1976 年造出样枪，不过该枪因在试验中出现故障而竞争失败。后来，FN 公司针对试验中暴露的问题进行了大量改进。1979 年 5 月，FN FNC 突击步枪开始投入批量生产。目前，除比利时外，尼日利亚、印度尼西亚和瑞典等国家也有装备。

枪体结构

FN FNC 突击步枪有两种不同长度的枪管，一种是膛线缠距为 305 毫米的标准枪管，发射美国 M193 枪弹。另一种是膛线缠距为 178 毫米的短枪管，发射比利时 SS109 枪弹。两种枪管可以互换使用。

其枪管采用高级优质钢制成，内膛精锻成型，故强度、硬度、韧性较好，耐蚀抗磨。其前部有 1 个圆形套筒，除可用于消焰外，还可发射枪榴弹。在供弹方面，FN FNC 突击步枪采用 30 发 STANAG 标准弹匣。击发系统与其他现代小口径突击步枪相似，有半自动、三点发和全自动 3 种发射方式。枪口部有特殊的刺刀座，以便安装美国 M7 式刺刀。

FN FNC 突击步枪套装

FN FNC 突击步枪的导气系统为长行程活塞传动，转栓式枪机类似于 AK-47，精度也比 FN CAL 突击步枪高。 FN FNC 突击步枪内置直立式枪榴弹发射标尺，调节导气孔后可发射枪榴弹，也可安装 M203 榴弹发射器。

手持 FN FNC 突击步枪的比利时士兵

趣闻逸事

电影《烈火悍将》中，该枪型号为 FN FNC-80，被文森特·哈纳中尉使用。网络游戏 CS 中同样有 FN FNC 突击步枪的身影。

黑色涂装的 FN FNC 突击步枪

AUG 突击步枪

AUG 是由奥地利斯太尔·曼利夏公司于 1977 年推出的军用自动步枪。

排名依据

　　AUG 突击步枪是史上首次正式列装、实际采用犊牛式设计的军用步枪。由于其优良的设计、品质及美观外形，一直深受军用及民用使用者的喜爱。AUG 突击步枪集无枪托、塑料枪身、视频监视系统、模块化四大优点于一身；易携带、耐腐蚀、使用寿命长、配备高倍瞄准镜、模块化的部件设计方便拆卸。

AUG 突击步枪左前方特写

制造历程

　　AUG 突击步枪于 20 世纪 60 年代后期开始研制，其目的是为了替换当时奥地利军方采用的 Stg.58 自动步枪（即 FN FAL）。原计划发展步枪、卡宾枪和轻机枪 3 种枪型，后来又增加了冲锋枪。1977 年正式被奥地利陆军采用（命名为 Stg0.77），1978 年开始批量生产。除奥地利外，AUG 突击步枪还被多个国家的军警所采用，包括英国、美国、阿根廷、澳大利亚、爱尔兰、卢森堡、马来西亚、巴基斯坦、菲律宾、新西兰、沙特阿拉伯等。

AUG 突击步枪后侧方特写

枪体结构

犊牛式的设计使得 AUG 突击步枪的全长在不影响弹道情况下缩短了 25%（与其他有同样枪管长度的步枪相比），多数枪型配有 1.5 倍光学瞄准镜。AUG 突击步枪使用半透明弹匣，射手可以快速地检视子弹存量，其控制系统也可左右对换。扳机可同时控制射击模式，第一段为半自动射击模式，而扳机继续扣则进入第二段的全自动射击模式。

弹匣透明的 AUG 突击步枪

▌▌▌▶ 作战性能

AUG 突击步枪的性能表现可靠，而且在射击精度、目标捕获和全自动射击的控制方面表现优秀，与 FN CAL（比利时）、Vz58（捷克）、M16A1（美国）等著名步枪相比毫不逊色。

奥地利军队使用 AUG 突击步枪

趣 闻 逸 事

电影《国产凌凌漆》中，AUG 突击步枪在剧中被命名为"UFO 来复枪"，被李香琴所使用。在电视剧《反击：遗产》里，型号为 AUG A1 卡宾枪型和 AUG A2 在泰国行动期间被日本黑帮使用，前者也曾被德米安·斯科特缴获。

奥地利军队使用 AUG 突击步枪

重要配件

AUG 突击步枪的标准瞄准装置是 1.5 倍的望远式瞄准镜（兼提把），由奥地利蒂罗尔的施华洛世奇光学仪器公司设计，密封在一个筒形外壳中，9 米防水，设计的归零值为 300 米，可以在昏暗的微光条件下使用。1.5 倍的放大倍率让射手可以在射击时睁开双眼，便于搜寻目标和观察周围事物，并避免产生"隧道视觉"。此外，这种光学瞄准镜还可以减少 AUG 突击步枪使用者的训练时间——因此就能大大减少弹药和训练费用。AUG A1 突击步枪的瞄准镜与机匣为一整体，总质量 100 克，瞄准镜顶部有后备的机械瞄具，刀形准星和矩形缺口式照门有三个发光亮点，可以在昏暗环境下使用，不可调整。在 AUG A2 突击步枪上，标准的瞄准镜座可以快速拆卸，并换上 1 个标准皮卡汀尼导轨。

安装了多种战术配件的 AUG 突击步枪

主要缺点

由于 AUG 突击步枪的瞄准镜、把手太小，近身搏击时容易被折断。同时 AUG 突击步枪的结构比较复杂，活塞与前握把挨得很近，易灼伤在前的手，扳机力偏大，光学瞄具视场小，必须达到镜轴眼轴重合的要求，并且要用手控制发射方式，这使射手难以获得迅速准确的射击效果。该枪前小后大，背带环的位置也不够合理，使该枪背挂、携行以及战斗使用难以得心应手，恶劣条件下的可靠性也较差。

测试中的 AUG 突击步枪

▶ 衍生型号

名　称	说　明
AUG A1	标准型，绿色，667 毫米枪管
AUG A2	可拆卸式瞄准具，533 毫米枪管
AUG A3	配有皮卡汀尼导轨组件
AUG P	AUG A1 的短管版本
AUG P Special Receiver	AUG P 的战术导轨版本
AUG SMG/AUG Para	发射 9 毫米 NATO 标准弹的冲锋枪版本
AUG M203	装有 M203 榴弹发射器
AUG HBAR	重枪管自动步枪型
AUG LMG	轻机枪型，配用 42 发弹匣，采用开膛待击，配 4 倍光学瞄准具
AUG HBAR-T	重枪管精确射击型
AUG Z	半自动民用型
USR	美国市场专用，半自动民用型

装备 AUG A1 突击步枪的奥地利士兵

装备 AUG A3 突击步枪的奥地利士兵

主要用户

国　　家	单　　位
奥地利	奥地利联邦军、联邦内务部"眼镜蛇"作战司令部
澳大利亚	澳大利亚国防军
德国	德国联邦警察第九国境守备队、特别行动突击队
印度尼西亚	印度尼西亚特种部队、特警
爱尔兰	爱尔兰国防军
新西兰	新西兰国防军
美国	美国联邦调查局、移民局，部分地方警察局的特种武器和战术部队
英国	英国陆军特种空勤团，部分武装警察单位
乌克兰	乌克兰内务部特种部队
阿根廷	阿根廷军队
卢森堡	卢森堡陆军

装备 AUG 突击步枪的奥地利特种兵

装备 AUG 突击步枪的澳大利亚士兵

手持 AUG 突击步枪的爱尔兰士兵

FAMAS 突击步枪

　　FAMAS 是法国军队及警队的制式突击步枪，也是世界上著名的无托式步枪之一。

排名依据

　　FAMAS 突击步枪在 1991 年参与了"沙漠风暴"行动及多次联合国维和行动，法国军队认为 FAMAS 突击步枪在战场上非常可靠。塞内加尔及阿拉伯联合酋长国均从法国小批量进口了 FAMAS F1，吉布提也以 FAMAS F1 作为步兵制式武器。

装有刺刀的 FAMAS 突击步枪

制造历程

　　FAMAS 突击步枪由法国轻武器专家保罗·泰尔于 1967 年开始研制，法国研制该枪的指导思想是既能取代 MAT 49 式 9 毫米冲锋枪和 MAS 49/56 式 7.5 毫米步枪，又能取代一部分轻机枪。该枪于 1971 年推出原型，1978 年成为法军制式突击步枪。除装备法国军队外，加蓬、吉布提、黎巴嫩、塞内加尔、阿联酋等国的军队也有装备。

搭在两脚架上的 FAMAS 突击步枪　　使用 FAMAS 突击步枪的法国士兵

枪体结构

FAMAS 突击步枪采用无托式设计，弹匣置于扳机的后方，机匣以塑料覆盖，使用杠杆延迟反冲式系统。射控选择钮在弹匣后方，有全自动、单发及安全 3 种模式，有部分加入三连发模式。所有的 FAMAS 突击步枪都备有装在护木两边的两脚架，可有效地提高射击精度。握把底部有 1 个活门，内有存放着装润滑液的塑料瓶。

装备 FAMAS 突击步枪的法国外籍兵团第 2 外籍伞兵团

作战性能

FAMAS 突击步枪无须安装附件即可发射枪榴弹，但其弹匣子弹太少，火力持续性差。瞄准基线较高，如果加装瞄准镜会更高，不利于隐蔽。此外，其枪膛靠后，离射手头部较近，发射时噪声大，抛出的弹壳和烟雾会影响射手射击精度。

使用 FAMAS 突击步枪的士兵

趣闻逸事

在电影《沙漠神兵》中，就有型号为 FAMAS F1 的突击步枪被法国士兵所使用。电子游戏《虹彩六号：围攻行动》里，FAMAS 突击步枪造型上使用 25 发直型弹匣却奇怪地装填 30 发弹药，被国家宪兵干预队使用，也是游戏内角色 Twitch 的专用武器。

FAMAS 突击步枪右侧方特写

配用弹药

FAMAS F1 突击步枪原本是为发射法国生产的钢质外壳 5.56×45 毫米 M193 子弹而设计，若使用外国制造的黄铜外壳子弹，会造成膛压过高和抛壳时弹壳断裂等严重故障，因此法国军队严格禁止在 FAMAS F1 上使用外国弹药。虽然枪膛镀铬可有效解决大部分的问题，但使用黄铜外壳子弹在抛壳时仍然会导致弹壳变形，令弹壳无法在不重塑的情况下循环再用。后来推出的 FAMAS G2 突击步枪则是为了适应 5.56×45 毫米北约制式 SS109 子弹而设计的，因此并不存在 FAMAS F1 突击步枪所出现的问题。FAMAS G2 突击步枪也可发射各种旧版 M193 子弹，不过威力较弱。

FAMAS 突击步枪的前握把内有按钮式控制台

正在练习拆解 FAMAS 突击步枪的士兵

衍生型号

名　　称	说　　明
FAMAS F1	最早的型号,有缩短型和半自动型。该型号曾经出口,现在已经停产,被 FAMAS G1 及 FAMAS G2 取代,但仍然在法军中服役
FAMAS G1	FAMAS F1 的改进型,改进了生产方法以降低成本,零部件从 200 个减少到 150 个左右,最高射速有所提高。FAMAS G1 也有短枪管型和半自动型,目前也已停产
FAMAS G2	FAMAS G1 的改进型,改为使用 30 发北约标准 STANAG 弹匣,基本内部设计与 FAMAS G1 相同,但独立衍生出一个 FAMAS G2 枪族。该型号主要用作出口,但法国海军也有装备
FAMAS Félin	法军的未来单兵战斗系统的改进版本,基于 FAMAS G1 的设计作了改进

装上 Aimpoint 红点镜的 FAMAS F1 突击步枪

手持 FAMAS Félin 突击步枪的法军士兵

▶ 主要用户

国　　家	单　　位
法国	法国军队
泰国	泰国陆军特种作战司令部
菲律宾	菲律宾特种部队
印度尼西亚	印度尼西亚部队
塞尔维亚	塞尔维亚特警
吉布提	吉布提陆军
阿根廷	阿根廷陆军
柬埔寨	柬埔寨陆军
哥伦比亚	哥伦比亚陆军
伊拉克	伊拉克陆军
喀麦隆	喀麦隆陆军

装备 FAMAS 突击步枪的法国陆军士兵

手持 FAMAS 突击步枪的喀麦隆士兵

▶ 实战掠影

　　FAMAS 突击步枪首次投入实战是在 1978 年的乍得 - 利比亚冲突，后在 1991 年参与了"沙漠风暴"行动及多次联合国维和行动。

使用 FAMAS 突击步枪值勤的法军士兵

HK G36 突击步枪

　　G36 是德国 HK 公司在 1995 年推出的现代化突击步枪，发射 5.56×45 毫米北约制式子弹，用来取代同为 HK 公司产品的 G3 步枪。

排名依据

　　G36 突击步枪是德国联邦国防军、西班牙陆军及西班牙海军的制式突击步枪，多个国家和地区的军队及警察都有装备。德国联邦国防军为了令士兵射击准确度提高，而选用了标准型 G36 突击步枪。标准型 G36 突击步枪附有两种瞄准镜的可拆式提把，提把下部为 3 倍光学瞄准镜；上部为内红点光学瞄准镜，其后推出的氚光夜视镜也可完全对应红点瞄准镜安装在提把上。

HK G36 突击步枪前侧方特写

制造历程

　　HK 公司在 1980 年向德军提交了 G11 及 G41，但前者因两德统一而中止，后者则被德军否决。

1990 年，德国联邦国防军提出新的制式步枪计划，以取代 7.62×51 毫米的 HK G3。1993 年 9 月，由德国联邦国防技术署对多种突击步枪进行评选，许多枪型因为未达到标准而遭到淘汰，只剩下德国本土的 HK50、奥地利的 AUG 和英国的 L85A1，其中 L85A1 因为故障率太高最先被淘汰，而 AUG 也因为两段式扳机系统（扣压扳机一半为半自动射击、扣压扳机到底为全自动射击）而落败，最终 HK50 胜出。

士兵用 HK G36 突击步枪进行作战演习

经过这次评选后，德国联邦国防军在 1995 年决定采用 HK50，并要求 HK 公司对它进行改良，并将军用代号设为 Gewehr 36（36 号步枪），简称 G36 突击步枪。

手持 HK G36 突击步枪的士兵

▌▌▌▶ 枪体结构

HK G36 突击步枪大量使用高强度塑料，重量较轻、结构合理、操作方便，"模块化"设计大大提高了它的战术性能，主要体现在只用 1 个机匣，变换枪管、前护木就能组合成 MG36 轻机枪、G36C 短突击步枪、G36E 出口型、G36K 特种部队型和 G36 标准型等多种不同用途的突击步枪。

HK G36 突击步枪套装

作战性能

由于 HK G36 突击步枪的射击活动部件大多在机匣内，多种枪型使用同一机匣，步枪的零配件大为减少。在战场上，轻机枪的枪机打坏了，换上短突击步枪的枪机即可使用。

士兵用 HK G36 突击步枪在野外执行任务训练

黑色涂装的 HK G36 突击步枪

趣闻逸事

在电影《敢死队 3》中有 G36K 和 G36C 两种型号的突击步枪：G36K 被康拉德·史东班克斯的手下和士兵使用，其中一支被主角巴尼·罗斯缴获。G36C 装上瞄准镜并被康拉德·史东班克斯狙击海尔·恺撒时使用，也被敌军士兵和李·圣诞使用。

重要配件

HK G36 突击步枪的准直式瞄具长 76.5 毫米，宽 60 毫米，高 45 毫米，放大倍率 1：1，视场角 5 度。该瞄具位于枪身上方，主要用于 200 米距离内的近程快速瞄准射击。入射到准直式瞄具中的红色光点作为瞄准标志。由于瞄准镜不放大，射手可以用双眼观察战场，瞄准射击。试验表明，用准直式瞄具，快速射击的首发命中率明显提高。在敌人最容易出现的黎明和黄昏时分，这种光点瞄具也明显优于别的瞄具。

HK G36 突击步枪还安装有瞄准镜，长 1055 毫米，直径 22 毫米，放大倍率 3 倍，视场角 4 度，主要用于在较远距离上精瞄射击。因为它安装在准直式瞄具下方，所以其瞄准基线只高出枪管一点。它由物镜、分划透镜、光学转像系统和目镜组成。透镜同普通瞄准望远镜一样，也是由光学玻璃制成的。在 1000 米距离上视场为 70 米。分划透镜上的分划有带十字线的瞄准环，其内径相当于 400 米距离上 1.75 米的目标高（人体身高），在 200 ～ 800 米的距离上每 200 米一个分划。此外，HK G36 突击步枪加装夜视仪后，形成一个潜望式的系统，瞄准精度又高，还有效降低了基准基线高度，使其在瞄准方面具有了其他小口径步枪没有的优势。

在科索沃使用 HK G36 突击步枪进行训练的美军士兵

HK G36 突击步枪的弹匣和弹药

衍生型号

名　　称	说　　明
HK G36	标准型，已大量装备德国联邦国防军
HK G36C	最短的型号，适合作为特种部队和特警队的室内近战武器
HK G36K	尺寸较短的卡宾步枪，装备战斗车辆成员、特种部队和执法部门
HK MG36	班用轻机枪，订单很少
HK SL8	半自动民用型

法国国家宪兵特勤队装备的 HK G36K 步枪

主要用户

国　　家	单　　位
德国	德国联邦国防军
法国	法国陆军，法国国家宪兵特勤队，法国国家警察干预组、反罪案旅
英国	英国陆军特种空勤团，民间核设施警察，伦敦都市警部特种枪械司令部
葡萄牙	葡萄牙海军陆战队，国家共和卫队，治安警察局特别行动组
瑞典	瑞典国防军特别行动任务组，瑞典警察国家特勤队、增援地区特勤队
美国	美国国会警察
韩国	韩国海洋警察厅海上特别突击队
阿联酋	阿联酋陆军
斯洛伐克	斯洛伐克军队第 5 特种作战团
塞尔维亚	塞尔维亚陆军特别旅、特警
挪威	挪威海军"海岸游侠"突击队
尼泊尔	尼泊尔陆军
马来西亚	马来西亚海军特种作战部队，马来西亚警察特别行动指挥部

手持 HK G36 突击步枪的德国士兵

装备 HK G36 突击步枪的西班牙特种部队

实战掠影

HK G36 突击步枪在 2008 年南奥塞梯冲突中出现过（当时为格鲁吉亚

特种部队所持有)。2011 年利比亚内战中也有士兵试射从卡扎菲卫队处缴获的 HK G36 突击步枪的镜头，并引发了黑克勒·科赫公司对枪支流入的调查。

装满子弹的 HK G36K 突击步枪

装备 HK G36 突击步枪的德国士兵正在训练

手持 G36 突击步枪的美军士兵

M16 突击步枪

M16 是由阿玛莱特公司的 AR-15 发展而来的一款突击步枪,现由柯尔特公司生产。

排名依据

M16 突击步枪曾是自 1967 年以来美国陆军使用的主要步兵轻武器,也被北约国家使用,更是同口径枪械中生产得最多的一个型号,是世界上最优秀的步枪之一。除了早期有一些毛病之外,M16 突击步枪逐渐成为成熟而可靠的武器系统。它主要由柯尔特及 FN 公司制造,而世界上很多国家都生产过其改进型。其半自动版本 AR-15,是由少数大生产商生产的,并加以许多细小的改进,从而成为美国流行的休闲用枪之一。

M16 突击步枪右侧方特写

制造历程

1957 年,美军在装备 M14 自动步枪后不久就正式提出设计新枪。阿玛莱特公司将 7.62 毫米 AR-10 步枪改进为 5.56 毫米 AR-15 步枪,并从竞标中胜出。随后，AR-15 步枪经过一系列改进，将生产权卖给了柯尔特公司。1964 年，美国空军正式装备该枪并将其命名为 M16。不久，阿玛莱特公司又根据实战经验改进出 M16A1，并被美国陆军采用。此后，又诞生了 M16A2、M16A3、M16A4 等改进型号，M16 突击步枪逐渐成为成熟可靠、使用广泛的经典步枪系列。

士兵使用 M16 突击步枪进行射击训练

枪体结构

　　M16 突击步枪的枪管、枪栓和机框为钢质，机匣为铝合金，护木、握把和后托则是塑料制成。该枪采用导气管式工作原理，但与一般导气式步枪不同，它没有活塞组件和气体调节器，而采用导气管。枪管中的高压气体从导气孔通过导气管直接推动机框，而不是进入独立活塞室驱动活塞。高压气体直接进入枪栓后方机框里的一个气室，再受到枪机上的密封圈阻止，因此急剧膨胀的气体便推动机框向后运动。

M16 突击步枪左侧方特写

▎▶ 作战性能

M16 突击步枪主要分为三代。第一代是 M16 和 M16A1,能够以半自动或全自动模式射击。第二代是 M16A2,可以半自动射击,也可以最多 3 发连发的点射射击方式来射击。第三代是 M16A4,已成为 21 世纪初美伊战争中美国海军陆战队的标准装备,也逐渐取代了之前的 M16A2。

射击中的 M16 突击步枪　　　　　士兵用 M16 突击步枪进行作战演练

趣 闻 逸 事

M16 突击步枪以及它的改进型在美国和其他许多国家的电影、电视和电子游戏中几乎无处不在,如电影《第一滴血》《战争之王》《美国狙击手》等,电视剧《大兵日记》《杀戮一代》也有它的身影。

▎▶ 配用弹药

M16 突击步枪主要使用 5.56×45 毫米北约标准步枪弹。该子弹是北约成员国 1970 年以后的标准用弹,采用黄铜弹壳、铜质被覆、铅芯。该弹药专为步枪和机枪设计,广泛使用于包括 M16 突击步枪与 M249 轻机枪在内的许多美国与北约系统的枪械。5.56×45 毫米北约标准步枪弹由民用 .223 雷明顿步枪弹提高膛压演变而来,两者尺寸几乎完全相同,不过 5.56×45 毫米北约标准步枪弹因为高膛压必须使用管壁较厚的枪管。军用枪械若使用 .223 雷明顿步枪弹会因膛压过低,影响弹道表现,须重新归零,有效距离也显著缩短。

5.56×45 毫米北约标准步枪弹的弹头为尖头、锥底、淬硬钢弹芯、铜被甲弹头,无凸缘式瓶形弹壳,伯丹式底火,装药为双基扁球药。该弹药有效距离在 300 米左右，超过 300 米以后弹道显著下沉，在有效距离以内的弹道非常平直，准确度非常好。

美军士兵使用 M16 突击步枪进行射击训练

美军士兵在极寒环境使用 M16 突击步枪

衍生型号

名　　称	说　　明
Mk 4 Mod 0	为美国海军"海豹"突击队生产的 M16A1 改型，1970 年 4 月服役
M16A2	为原本的 M16 增加了重量和复杂度，取消了全自动模式
M16A3	M16A2 的全自动改型，数量不多，主要用于美国海军
M90A3	M16A3 的全自动改型，主要用于城市近距离突击，现被以色列特种突击队采用
M16A4	将枪械与火控系统分别进行模块化设计，现作为美国海军陆战队的前线标准装备及部分美国陆军前线装备
M4	卡宾枪改进型，获世界各国的军队及警队采用

马来西亚士兵使用 M16A1 突击步枪

加拿大士兵使用 M16 突击步枪

作为世界上最普遍生产的 5.56×45 毫米步枪，M16 系列步枪主要被北约国家的军队采用，包括美国、英国、法国、德国、意大利、加拿大、葡萄牙、西班牙、荷兰、比利时、丹麦、挪威、冰岛、希腊和土耳其等。在美国军队中，美国空军于 1964 年正式采用 M16 突击步枪。美国陆军在 1967 年采用 M16A1 并持续使用到 20 世纪 80 年代，之后又两次换装了 M16A2 和 M16A4。美国海军主要使用 M16A2 的全自动改型，即 M16A3。值得一提的是，M16 的最初版本仍然有库存。

除了北约国家，世界上还有其他数十个国家的军队也使用了 M16 突击步枪及其变种，包括阿根廷、阿尔及利亚、巴西、缅甸、柬埔寨、智利、埃及、匈牙利、印度、印度尼西亚、伊拉克、以色列、日本、马来西亚、墨西哥、尼泊尔、新西兰、巴基斯坦、菲律宾、罗马尼亚、沙特阿拉伯、新加坡、斯洛伐克、南非、韩国、瑞典、泰国、阿联酋、越南等。

美国陆军士兵使用 M16 突击步枪进行射击训练　　装备 M16 突击步枪的美国陆军特种兵

M16突击步枪开火瞬间

AK-47 突击步枪

AK-47 是由苏联枪械设计师米哈伊尔·季莫费耶维奇·卡拉什尼科夫设计的突击步枪。

排名依据

AK-47 突击步枪是全球局部战争中使用人数最多的武器，几乎遍布世界各地，目前仍有不少国家和地区在使用。在越南战争初期，流传着不少美国士兵丢弃不适应热带雨林恶劣条件下的、笨重的 M14 自动步枪或者因清理套件不足且清枪训练不足而故障频出的早期型 M16 突击步枪，转而使用战场上缴获的 AK-47 和 56 式自动步枪，因为 AK-47 系列步枪拥有非常优良的可靠性（卡弹的概率比 M16 低很多）和容易操作而密集的火力。

装有刺刀的 AK-47 突击步枪

制造历程

卡拉什尼科夫于 1944 年开始构思一种新式步枪，并参考 M1 加兰德步枪设计出 M1944 样枪，采用 M43 步枪弹、回转式枪机，经过一连串的试验后，于 1946 年制作出可连发射击的样枪（AK-46），成为此后 AK 系列枪械的原型。经过一系列试验，包括在风沙泥水等恶劣环境中严格测试，改进了导气装置与活塞系统，于 1947 年定名为 AK-47。

该枪在 1947 年正式成为苏联军队制式装备，1949 年最终定型并投入批量生产。世界上至少有 82 个国家和地区装备 AK-47 系列，并有许多国家进行仿制或特许生产。

使用 AK-47 突击步枪进行射击训练的士兵

黑色涂装的 AK-47 突击步枪

||||⬠ 枪体结构

AK-47 突击步枪由容量为 30 发子弹的弧形弹匣供弹，保险／快慢机柄在机匣右侧，可以选择半自动或全自动发射方式，拉机柄位于机匣右侧。该枪的枪机动作可靠，即使在连续射击时有灰尘等异物进入枪内，机械结构仍能保证正常运作，并可以在沙漠、热带雨林、严寒等极度恶劣的环境下保持相当好的效能，而且结构简单，分解容易、易于清洁和维修、操作简便。AK-47 突击步枪的主要缺点是由于全自动射击时枪口上扬严重，枪机框后坐时撞击机匣底；枪机抛壳口的设计令其很难安装皮卡汀尼导轨；机匣盖的设计导致瞄准基线较短；瞄准具设计不理想等缺陷大大影响射击精度，300 米以外难以准确射击，连发射击精度更低，实际上它只能满足以遭遇战为主的较近距离战斗的要求。

AK-47 突击步枪及弹匣、子弹

||||⬠ 作战性能

与二战时期的步枪相比，AK-47 突击步枪的枪身短小、射程较短（约300 米）、火力强大，适合较近距离的突击作战。

趣闻逸事

AK-47 突击步枪及其改进型在许多媒体（电影、电视剧、电子游戏、动画、小说等）里相当普遍。关于 AK 两字的读法，有人按英文读作 /ei kei/，也有人按俄文读作"阿卡"，在相关视频中出现后常会引发争议。相似的争议也有苏式坦克的 T（音"特"）字母。

AK-47 突击步枪右侧方特写

|||||▷ 配用弹药

　　AK-47 突击步枪发射 7.62×39 毫米 1943 式中间型威力子弹，又称 7.62 毫米卡拉什尼科夫子弹。在二战中，苏联对比德军使用的 7.92×33 毫米短弹，感到苏军当时使用的 7.62×54 毫米子弹及其配用的图卡列夫半自动步枪和捷格加廖夫轻机枪等太重，威力太大，机动性差，因而于 1943 年研制出 7.62×39 毫米中间型威力子弹，其威力介于大威力的步枪弹和大威力的手枪弹之间，因此得名。1945 年苏军正式装备该弹，配用于西蒙诺夫半自动步枪，随后配用于 AK-47 突击步枪。至此，该弹成为苏军在二战后的制式步枪弹。

　　1943 式中间型威力子弹采用尖头、锥底、钢弹芯、覆铜钢被甲弹头，无凸缘式瓶形弹壳，伯丹式底火，硝化棉发射药。有些国家生产的子弹则采用尖头、平底、铅芯结构。除上述普通弹外，还有曳光弹、穿甲燃烧弹和燃烧曳光弹等。

AK-47 突击步枪的弹匣

AK-47 突击步枪的机械瞄具

▌▌▌▶ ★ 衍生型号

名　称	说　明
AKS-47	AK-47 的金属折叠枪托版本，也被称为 AK-47S
AKM	1959 年投产的改进型号，在一定程度上改善了 AK-47 的缺点，故障率更低
AKMS	装有金属折叠枪托的 AKM 改进型，主要装备当时的伞兵部队、坦克兵和特种部队使用
AKMSU	装有金属折叠枪托的 AKMS 短枪管型，产量极少，主要装备当时的特种部队使用
AK-74	5.45×39 毫米小口径改进型，是苏联装备的第一种小口径步枪。
AKS-74U	卡宾枪，AK-74 的大幅度缩短型
PP-19	由 AKS-74U 发展而来的冲锋枪，改为发射手枪子弹，内部构造和外观上改动较大
RPK	在 AKM 突击步枪的基础上发展的班用轻机枪
AK-101/102	AK-74 的现代化版本，AK-102 为短枪管版本
AK-12	2010 年公开的最新型号，发射 5.45×39 毫米弹药

使用 AK-47 突击步枪的埃塞俄比亚士兵

卡拉什尼科夫和他设计的 AK-47 突击步枪

▌▌▌▶ ★ 主要用户

　　据不完全统计，AK 系列步枪在世界范围的产量高达 1 亿支以上，这些步枪大部分被各国正规军队装备使用或库存备用。作为 AK 步枪的原产国和主要使用国，苏联军队从 1951 年开始装备 AK-47 突击步枪，1959 年开始装备改进型 AKM 突击步枪和 RPK 轻机枪，1974 年开始装备小口径的 AK-74 突击步枪，俄罗斯军队则在 21 世纪初开始装备现代化改进型 AK-100 系列突击步枪。

除了俄罗斯以外，世界上还有近百个国家和地区的军队采用 AK 系列步枪（包括仿制型）。这些使用国以第三世界国家为主，也有少部分西方发达国家。这些国家装备的 AK 系列步枪的来源颇为复杂，有直接向俄罗斯购买的，有取得授权特许生产的，有自行仿照设计的，也有从敌军或犯罪分子手中缴获的。但无论是以何种途径获取的 AK 系列步枪，均受到士兵的广泛喜爱。

身穿防护服、手持 AKS-47 突击步枪的叙利亚士兵

阿富汗地方警察用 AK-47 突击步枪进行射击训练

美国海军陆战队士兵试射 AK-47 突击步枪

Chapter 05

狙击步枪

　　狙击步枪是在普通步枪中挑选或专门设计制造、射击精度高、射击距离远、可靠性好的专用步枪。军事上主要用于射击敌方的重要目标（如指挥人员、车辆驾驶员、机枪手等）。本章详细介绍了全球狙击步枪制造史上影响力最大的十种枪型，并根据其历史影响力、综合性能、制造年限及建造数量等因素进行了客观公正的排名。

服役时间与生产厂商

TOP10 雷明顿 M24 狙击步枪	
服役时间	1988 年至今
生产厂商	雷明顿武器公司于 1816 年由伊莱佛利 – 雷明顿二世于美国纽约州伊利恩城创立,为美国一家历史悠久的军事工业公司,且是美国国内唯一同时生产枪械及弹药的武器公司,到目前为止开发了大量枪械及弹药产品。由于它的顾客群横跨逾 60 个国家和地区,促使物流中心比许多竞争对手都还要庞大

TOP9 雷明顿 M40 狙击步枪	
服役时间	1966 年至今
生产厂商	雷明顿武器公司于 1816 年由伊莱佛利 – 雷明顿二世于美国纽约州伊利恩城创立,为美国一家历史悠久的军事工业公司,且是美国国内唯一同时生产枪械及弹药的武器公司,到目前为止开发了大量枪械及弹药产品。由于它的顾客群横跨逾 60 个国家和地区,促使物流中心比许多竞争对手都还要庞大

TOP8 FR-F2 狙击步枪	
服役时间	1985 年至今
生产厂商	GIAT 集团是历史悠久的法国军火制造商,又称伊西莱姆利罗公司,其前身可追溯到 1690 年。当时波旁王朝国王路易十四在小镇图尔设立兵工厂,从事王家军队的武器生产。其总部设在巴黎郊外的布尔歇

TOP7 SV-98 狙击步枪	
服役时间	1998 年至今
生产厂商	伊兹玛什工厂前称是伊热夫斯克兵工厂,最初是于 1760 年建立的以生产轻武器和大炮配件为主的铁器厂,1763 年由沙皇俄国政府接管并开始生产武器。1991 年,伊热夫斯克兵工厂更名为伊兹玛什工厂

TOP6　奈特 M110 狙击步枪	
服役时间	2007 年至今
生产厂商	奈特军械公司最初只生产枪械配件或射击配套用品，后来尤金·斯通纳在 1978 年开始与奈特合作，在 KAC/KMC 推出一系列基于 AR-15 设计的产品，并以 SR 为前缀命名，即"斯通纳步枪"的缩写。SR 系列武器极少被军方采用，但 KAC 的皮卡汀尼标准接口配件却被广泛采用，包括 RIS 和 RAS 护木系统、QD 消声器和配套的 QD 消焰器，两脚架连接座、前握把等

TOP5　TAC-50 狙击步枪	
服役时间	2000 年至今
生产厂商	麦克米兰公司是美国的一家枪械制造商，该公司研发的枪械有 TAC-50 狙击步枪

TOP4　PSG-1 狙击步枪	
服役时间	1972 年至今
生产厂商	黑克勒 - 科赫是一家德国枪械制造公司，位于巴登 - 符腾堡邦的内卡河河畔奥伯恩多夫，但在美国也有分部，以诸多类型的手持武器著称

TOP3　SVD 狙击步枪	
服役时间	1963 年至今
生产厂商	伊兹玛什工厂前称是伊热夫斯克兵工厂，最初是于 1760 年建立的以生产轻武器和大炮配件为主的铁工厂，1763 年由沙皇俄国政府接管并开始生产武器。1991 年，伊热夫斯克兵工厂更名为伊兹玛什工厂

TOP2　AW 狙击步枪	
服役时间	1982 年至今
生产厂商	精密国际公司是位于英国汉普朴次茅斯的一家枪械制造商，由英国射击运动员马尔柯姆·库帕在 1978 年建立，主要生产狙击步枪，包括著名的精密国际 AW 系列。精密国际公司的狙击步枪系列已成为世界多国军队及警队的装备

TOP1　巴雷特 M82 狙击步枪	
服役时间	1989 年至今
生产厂商	巴雷特枪械公司是位于美国的制造枪械和弹药的公司。该公司由朗尼·巴雷特于 1982 年设立，他建立这家公司的目的是要生产使用高威力的 12.7×99 毫米 NATO（.50 BMG）弹药的半自动步枪。这种弹药最早是为勃朗宁 M2 重机枪而开发及生产的。巴雷特在 1980 年初开始他的工作，第一个可以成功运作的产品就是 M82 狙击步枪

 枪体尺寸

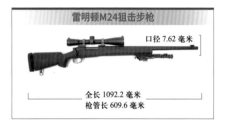

雷明顿M24狙击步枪

口径 7.62 毫米

全长 1092.2 毫米
枪管长 609.6 毫米

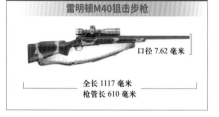

雷明顿M40狙击步枪

口径 7.62 毫米

全长 1117 毫米
枪管长 610 毫米

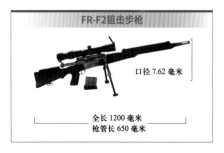

FR-F2狙击步枪

口径 7.62 毫米

全长 1200 毫米
枪管长 650 毫米

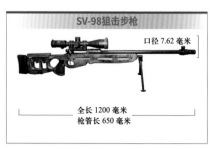

SV-98狙击步枪

口径 7.62 毫米

全长 1200 毫米
枪管长 650 毫米

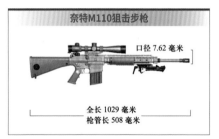

奈特M110狙击步枪

口径 7.62 毫米

全长 1029 毫米
枪管长 508 毫米

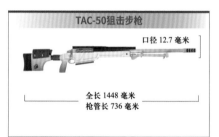

TAC-50狙击步枪

口径 12.7 毫米

全长 1448 毫米
枪管长 736 毫米

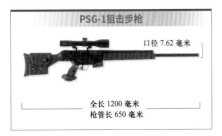

PSG-1狙击步枪

口径 7.62 毫米

全长 1200 毫米
枪管长 650 毫米

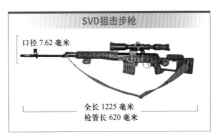

SVD狙击步枪

口径 7.62 毫米

全长 1225 毫米
枪管长 620 毫米

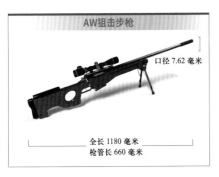

AW狙击步枪

口径 7.62 毫米

全长 1180 毫米
枪管长 660 毫米

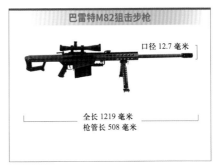

巴雷特M82狙击步枪

口径 12.7 毫米

全长 1219 毫米
枪管长 508 毫米

基本性能数据对比

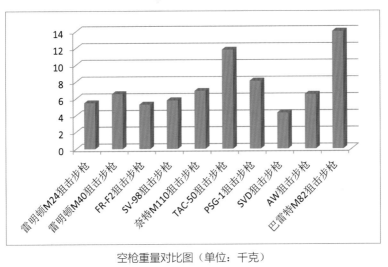

空枪重量对比图（单位：千克）

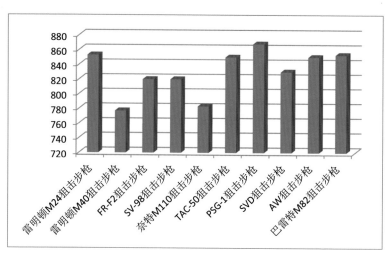

枪口初速对比图（单位：米/秒）

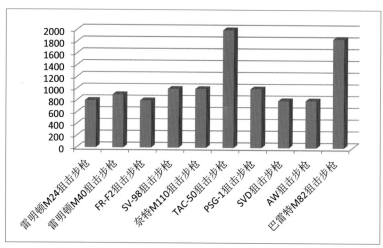

有效射程对比图（单位：米）

雷明顿 M24 狙击步枪

M24 狙击步枪是雷明顿 700 步枪的衍生型之一，提供给军队及警察，在 1988 年正式成为美国陆军的制式狙击步枪。

排名依据

M24 狙击手武器系统之所以被称为"武器系统"，是因为它不仅仅是一把步枪，还包括 M3 望远式瞄准镜、哈里斯 S 型可拆卸两脚架等其他配件，被称作"美国现役狙击之魂"。越战后期，M21 狙击步枪成为美国陆军、海军通用的狙击步枪。1991 年海湾战争中，美军突击队员和特种分队曾使用该枪。

M24 狙击步枪狙击手正在进行射击训练

制造历程

1988 年，美军将 M24 狙击手武器系统选为新的制式武器。该枪由于性能非常优异，所以逐渐取代了其他狙击步枪，成为美军的主要狙击武器。2007 年后，美国陆军开始以 M110 狙击步枪逐步取代 M24 狙击步枪，但在 2010 年前它是美军制式狙击步枪之一，部分 M24 狙击步枪可更换枪机和枪管来提供更远射程以继续服役。

士兵正在用 M24 狙击步枪执行任务

枪体结构

为了适应沙漠恶劣的气候，M24 狙击步枪特别采用碳纤维与玻璃纤维等材料合成的枪身枪托，可在 -45℃～ +65℃气温中正常使用。该枪由弹仓供弹，装弹 5 发，发射美国 M118 式 7.62 毫米特种弹头比赛弹。

搭在两脚架上的 M24 狙击步枪

M24 狙击步枪前侧方特写

作战性能

M24 狙击步枪的射击精度较高，有效射程可达 1000 米，但每发射一颗子弹都要拉动一次枪栓。该枪对气象物候条件的要求很严格，潮湿空气可能会改变子弹方向，而干热空气又会造成子弹打高。为了确保射击精度，该枪装有瞄准具、夜视镜、聚光镜、激光测距仪和气压计等配件，远程狙击命中率较高，但使用较为烦琐。

M24 狙击步枪左侧方特写

趣闻逸事

电子游戏《AVA Online》中，战谷代理时为狙击兵的基本枪款（现已被 Blaser R93 取代，且该枪支为不可改装的训练用枪械；现今只有从战谷时期走过来的玩家才会有该枪械）。

雷明顿 M40 狙击步枪

M40 狙击步枪是美国海军陆战队自 1966 年开始装备的制式狙击步枪，其改进型号仍在服役。

排名依据

M40 狙击步枪是雷明顿 700 步枪的衍生型之一，有 3 种改进型，1977 年的 M40A1、1980 年的 M40A1 及 2001 年的 M40A3。美国海军陆战队的 M40A1 正以更换枪管、枪托及其他零件的方式，陆续换装成新型的 M40A3。原型的 M40 狙击步枪是军用版本的雷明顿 700 步枪，一体式木质枪托及其他所有零件皆由雷明顿制造，而 M40A1 及 A3 的枪托改用玻璃纤维，1980 年的 A1 及 A3 换装新型瞄准镜。

搭在两脚架上的 M40 狙击步枪

制造历程

M40 狙击步枪和 M24 狙击手武器系统都是雷明顿 700 旋转后拉式枪机步枪的衍生型，但 M40 狙击步枪问世的时间更早。雷明顿 700 步枪自 1962 年推出后，就以其精确性和威力受到称赞。浮置枪管、极敏感的扳机及严格制造公差下生产的优质枪管，使用雷明顿 700 步枪如其广告词所称的那样："它是世界上最强大的旋转后拉式枪机步枪。"

M40 狙击步枪右侧方特写

20 世纪 60 年代，由于战争需要，美国海军陆战队要求研制一种正规的新式狙击步枪。经过测试后，1966 年 4 月 7 日决定以雷明顿 700 步枪为基础研制狙击步枪，改进后命名为 M40。经过实战检验后，20 世纪 70 年代又出现了改进型 M40A1。M40A1 在 1980 年进行了重大改进，之后又陆续出现了 M40A3（2001 年）和 M40A5（2009 年）。

M40 狙击步枪后侧方特写

枪体结构

早期的 M40 狙击步枪全部安装有 Redfield 3~9 瞄准镜，但瞄准镜及木质枪托在炎热潮湿环境下，出现受潮膨胀等问题，使其无法使用。之后的 M40A1 和 M40A3 换装了玻璃纤维枪托和 Unertl 瞄准镜，加上其他功能的改进，逐渐成为性能优异的成熟产品。M40 狙击步枪采用较重、表面经乌黑氧化涂层处理的阿特金森不锈钢枪管，装有温彻斯特 M70 钢质扳机护圈及弹匣底板。

M40 狙击步枪右侧方特写

作战性能

在美国海军陆战队的狙击作战中，即使用力敲击该枪的瞄准镜，其零位也会保持不变。在美国，M40A3 狙击步枪被视为现代狙击步枪的先驱。它被称为冷战"绿色枪王"。

伪装的士兵用 M40 狙击步枪对目标进行瞄准

正在装填的 M40A3 狙击步枪

趣 闻 逸 事

M40 狙击步枪在电影《美国狙击手》中被一名美国海军陆战队狙击手使用。《狙击生死线》中被鲍勃·李·斯瓦格于故事开头时使用。

FR-F2 狙击步枪

FR-F2 狙击步枪是 FR-F1 狙击步枪的改进型，从 20 世纪 80 年代中期开始逐步取代 FR-F1 狙击步枪装备法国军队，是法国军队的主要武器之一。

排名依据

FR-F2 狙击步枪装备有防热设置，长时间被太阳晒也不受影响。精度高、威力大、声音小，适合中远距离隐藏偷袭。FR-F2 狙击步枪的改进使得武器的总体性能得到极大提高，也使其成为当今世界最优秀的狙击步枪之一。FR-F2 狙击步枪射击稳定性好，攻击力强，子弹初速 852 米/秒，有效射程达 800 米。所以，至今仍是法国军队的制式武器。

士兵正在用 FR-F2 狙击步枪进行射击训练

制造历程

FR-F2 狙击步枪是法国地面武器工业公司在 7.62 毫米 FR-F1 狙击步枪的基础上改进而成的，1984 年底完成设计定型，从 20 世纪 80 年代中期开始逐步取代 FR-F1 狙击步枪，装备法国军队至今，装备级别和战术使命与 FR-F1 狙击步枪完全相同。

由于 FR-F2 狙击步枪的射击精度很高，从 20 世纪 90 年代开始便成为法国反恐怖部队（如法国宪兵特勤队）的主要装备之一，用于在较远距离上打击重要目标，如恐怖分子中的主要头目、劫持人质的要犯等。

法军陆军狙击手的 FR- F2 狙击步枪

枪体结构

　　FR-F2 狙击步枪的基本结构如枪机、机匣、发射机构都与 FR-F1 狙击步枪一样。主要改进了武器的人机工效，如在前托表面覆盖无光泽的黑色塑料；两脚架的架杆由两节伸缩式架杆改为 3 节伸缩式架杆，以确保射击时的稳定，有利于提高命中精度。

FR- F2 狙击步枪右侧方特写

作战性能

　　FR-F2 狙击步枪的枪管外增加了一个用于隔热的塑料套管，目的是减少使用时热辐射或因热辐射产生的薄雾对瞄准镜及瞄准视线的干扰，同时还降低了武器的红外特征，便于隐蔽射击。FR-F2 狙击步枪没有机械瞄准具，只能使用光学瞄准镜进行瞄准射击，除配有 4 倍白光瞄准镜，还配有夜间使用的微光瞄准镜，从而使该枪具有全天候使用性能。

士兵用 FR- F2 狙击步枪在野外执行任务训练

趣闻逸事

电影《沙漠神兵》里，FR-F2 狙击步枪于科索沃行动期间被法国海军突击队的狙击手使用。

士兵用 FR-F2 狙击步枪对目标进行瞄准

SV-98 狙击步枪

SV-98 狙击步枪是由俄罗斯枪械设计师弗拉基米尔·斯朗斯尔研制、伊兹马什工厂生产的手动狙击步枪，以高精度著称。

排名依据

SV-98 狙击步枪的制造商指出，该枪设计用于攻击 1000 米范围内的任何目标。SV-98 狙击步枪具有很高的精度，能够达到准确射击，虽然它也经常提到使用弹药的类型和质量（如使用比赛等级子弹）是其取得良好的准确度的一个重要因素。SV-98 狙击步枪可进行完全分解和不完全分解。但进行完全分解和不完全分解的步骤十分烦琐，所以在战时进行定期保养往往易贻误战机。

黑色涂装的 SV-98 狙击步枪

制造历程

自 20 世纪 60 年代以来，SVD 狙击步枪一直是苏联军队乃至现今俄罗斯军队的主要狙击武器。尽管 SVD 狙击步枪作为战术支援武器很有效，但在中远距离上的精度很差，不适合远程的精确射击，也不适宜执行面对人质劫持之类的任务。

SV-98 狙击步枪前方特写

开发新型远程精确狙击步枪尤为必要，因此伊兹马什工厂的枪械设计师弗拉基米尔·斯朗斯尔于 1998 年开始设计 SV-98 狙击步枪。同年，SV-98 狙击步枪被俄罗斯执法机关和反恐怖部队少量试用，2005 年底正式被俄罗斯军方选购。2010 年，亚美尼亚军方也购入了 52 支 SV-98 狙击步枪。

SV-98 狙击步枪后侧方特写

枪体结构

SV-98 狙击步枪有冷锻法制造的机匣和自由浮置式重型碳素钢枪管，可按照用户的需要选择是否镀铬。手动操作枪机为前端闭锁式，机头有 3 个对称的闭锁凸耳。有 4 条右旋膛线，并配有枪口凹槽接口，以便安装原厂制造的旋接圆锥形鸟笼式消焰 / 制退器或特别设计的 TGP-B 战术消声器（一种特殊设计类型的消声器，可直接在发射超音速弹药时使用，而不会限制只能发射次音速弹药）。

狙击手用 SV-98 狙击步枪进行训练

▌▌▌▶ ★ 作战性能

与 SVD 和 VSS 狙击步枪强调战术灵活性不同，SV-98 狙击步枪的战术定位专一而明确：专供特种部队、反恐部队及执法机构在反恐行动、小规模冲突及抓捕要犯、解救人质等行动中使用，以隐蔽、突然的高精度射击火力狙杀白天或低照度条件下 1000 米以内、夜间 500 米以内的主要有生目标。

SV-98 狙击步枪的射击精度远高于发射同种枪弹的 SVD 狙击步枪，也毫不逊于以高精度闻名的奥地利 TPG-1 狙击步枪。不过，SV-98 狙击步枪的使用寿命较短。

士兵用 SV-98 狙击步枪进行射击训练

趣闻逸事

电子游戏《战地4》中，"SV-98"（中文版则命名为"SV-98 狙击步枪"）发射 7.62×54R 毫米子弹，10+1 发弹匣，初始携弹量为 44 发，预设瞄准镜为 PKS-07（放大 7 倍）。单人故事模式中被俄罗斯陆军使用，亦可被美国海军陆战队精英小队"墓碑"队长丹尼尔·雷克缴获；多人联机模式时为"侦察兵"的解锁武器包武器之一，于达到 13000 点狙击步枪得分时才能解锁，被归类为狙击步枪。

狙击手大赛上的 SV-98 狙击步枪

奈特 M110 狙击步枪

M110 是美国奈特公司推出的 7.62 毫米半自动狙击步枪。

排名依据

　　M110 狙击步枪是有效的反人员和反轻型器材目标武器，能让狙击手在执行支援战斗行动时提供更强的火力。M110 半自动狙击手系统（SASS）按一个系统进行设计，总体匹配较好，主要包括 M110 狙击步枪、"刘坡尔德"可调倍率的白光瞄准镜、通用夜视瞄准镜、"哈里斯"可拆卸两脚架、枪箱、携行袋、PAL弹匣袋、枪口装置、备用的机械瞄具、8 个弹匣（10发容量和 20 发容量的弹匣各 4 个）、M240 机枪配用的空包弹助推器、清洁 / 维护工具、使用手册等，系统共重 35.5 千克。为防止被热成像仪发现，M110半自动狙击手系统从武器到附件表面均为深土黄色，这种颜色也成为美军的制式颜色。

射击中的 M110 狙击步枪

制造历程

　　M110 狙击步枪的开发目的是替换美国陆军狙击手、观察手、指定射手及班组精确射手的 M24 狙击步枪，美国陆军在提交计划后开放给多家公司参与。2005 年 9 月 28 日，KAC 的方案胜出，正式定名为 M110 半自动狙击手系统（在测试时名为 XM110）。2006 年底，M110 狙击步枪正式成为美军的制式狙击步枪。2007 年 4 月，驻守阿富汗的美国陆军"复仇女神"特遣队成为首个使用 M110 作战的部队。

用 M110 SASS 进行训练的美国陆军狙击手

手持 M110 狙击步枪的士兵

枪体结构

M110 狙击步枪的弹匣释放钮、保险制、拉机柄两面皆可操作。M110 狙击步枪使用了 KAC 公司研制的有气体偏流作用的拉机柄，使从拉机柄槽处溢出的气体不会打到射手的面上。由于 M110 狙击步枪的改良源自 SR-25，因此设计上与 SR-25 及 Mk 11 Mod 0 半自动狙击步枪十分相似，但枪托及导轨系统有所改良，奈特公司也将 AR-15/M16 的一些通用部件改良至 SR-25 系列内，以提高可靠性和准确度。M110 狙击步枪上使用的是 URX 模块导轨系统。枪托是 A2 固定式和 A1 长度可调整式；枪管上还带有消焰器，能安装改进的 QD 消声器。

M110 狙击步枪前侧方特写

作战性能

在阿富汗和伊拉克执行作战任务的美军都装备了 M110 狙击步枪。有的士兵认为，M110 狙击步枪的半自动发射系统过于复杂，反而不如运动机件更少的 M24 狙击步枪精度高。

　　一般的，配用 7.62 毫米弹药的 M24 狙击步枪最大有效射程为 800 米，而配用相同弹药的 M110 狙击步枪有效射程虽然超过了 1000 米，但射击精度却明显不如前者。

装上 AN/PVS-10 夜视瞄准镜的 M110 狙击步枪

趣闻逸事

　　2008 年 6 月 12 日，M110 狙击步枪成为"2007 年美国陆军十大发明"之一。

M110 狙击步枪右侧方特写

TAC-50 狙击步枪

　　TAC-50 狙击步枪是美国麦克米兰在 1980 年推出的 12.7×99 NATO（.50 BMG）狙击步枪。

排名依据

　　TAC-50 狙击步枪是一种供军队及执法部门用的狙击武器，也是加拿大军队从 2000 年起开始装备的制式"长射程狙击武器"，当发射比赛级弹药的精度高达 0.5 角分（MOA）。

TAC-50 狙击步枪后方特写

制造历程

TAC-50 狙击步枪是美国麦克米兰兄弟步枪公司在 1980 年推出的反器材步枪。2000 年，加拿大军队将 TAC-50 狙击步枪选为制式武器，并重新命名为"C15 远程狙击武器"。美国海军"海豹"突击队也采用了该枪，命名为 Mk 15 狙击步枪。除此之外，TAC-50 狙击步枪的用户还包括法国海军突击队、格鲁吉亚陆军特种部队、约旦特别侦察团、波兰陆军特种部队、南非警察特别任务队、土耳其陆军山区突击队、以色列特种部队和秘鲁陆军等。

美国海军 EOD 部队士兵的 TAC-50 狙击步枪

枪体结构

TAC-50 狙击步枪采用手动旋转后拉式枪机系统，装有比赛级浮置枪管，枪管表面刻有线坑以减低重量，枪口装有高效能制退器以缓冲 12.7×99 NATO （.50 BMG）的强大后坐力，由可装 5 发的可分离式弹仓供弹，采用麦克米兰玻璃纤维强化塑胶枪托，枪托前端装有两脚架、尾部装有特制橡胶缓冲垫，整个枪托尾部可以拆下以方便携带。TAC-50 狙击步枪没有机械照门及预设瞄准镜，而加拿大军队采用了 16 倍瞄准镜。

搭在两脚架上的 TAC-50 狙击步枪

作战性能

TAC-50 狙击步枪使用的是 12.7×99 毫米 NATO 子弹，子弹高度和罐装可乐相同，破坏力惊人，狙击手可用来对付装甲车辆和直升机。该枪还因其有效射程远而闻名世界。

TAC-50 局部特写

趣 闻 逸 事

作为支援美军特种部队的加拿大狙击小组成员 Rob Furlong 下士，在 2002 年阿富汗 Shah-i-Kot 山谷上，以 TAC-50 狙击步枪（在执行行动的期间，Rob Furlong 更换了空气动力性能更好的美制子弹，代替加拿大制子弹）在 2413.5 米（7920 尺 /1.5 英里）的距离击中一名塔利班武装分子 RPK 机枪手，也创出当时世界纪录上的最远狙击距离——直到后来被来自英国的克雷格·哈里森打破，他的射杀距离为 2475 米。

TAC-50 狙击步枪左侧方特写

 4 **TOP**

PSG-1 狙击步枪

PSG-1 狙击步枪是德国黑克勒·科赫公司研制的半自动狙击步枪。

排名依据
PSG-1 狙击步枪的预期精度小于 1 个角分，并被认为是最精确的半自动狙击步枪之一。该枪能在 300 米的距离连续将 50 发子弹打入一个直径为 8 厘米的圆圈。该枪的另一个独特之处是子弹击发后弹壳弹出的力量较大，据说可弹出 10 米远。虽然对于警方的狙击手来说不是个问题，但在很大程度上限制了其在战场中的使用，因为这很容易暴露狙击手的位置。在清扫使用地点的时候黄铜弹壳也很难被找到。

▌▌▌▶ 制造历程

　　1972 年慕尼黑奥运会惨案中，缺乏专业狙击武器的前联邦德国警察无法迅速与恐怖分子交战，造成人质大量伤亡。之后，HK 公司受命研发一种高精度、大容量弹匣、适合警用的半自动步枪，并最终在 G3 突击步枪的基础上开发出 PSG-1 狙击步枪。PSG-1 狙击步枪的主要使用者为德国警察部队和特种部队，此外还包括英国、美国、加拿大、马来西亚、日本、西班牙、挪威、印度尼西亚、波兰和委内瑞拉等国的军警用户。

PSG-1 狙击步枪及组件

PSG-1 狙击步枪套装

▌▌▌▶ 枪体结构

　　PSG-1 狙击步枪没有机械瞄具，枪托由高密塑料制成，黑色粗糙表面，可以调向任何角度以适合使用者。它可以调整长度、可旋尾盖和调节托腮板的高低。前端还装置了 1 个 T 形槽，以配合旋转挂带或三脚架。该步枪

还有一个可以拆卸调整的扳机
部件，令使用者更易操作该枪。
扳机的行程可以调整。

黑色涂装的 PSG-1 狙击步枪

⚞★⚟ 作战性能

　　PSG-1 狙击步枪的射击精度极佳，出厂试验时每支步枪都要在 300 米
的距离上连续射击 50 发子弹，而弹着点必须散布在直径 8 厘米的范围内。
这些优点使 PSG-1 狙击步枪受到广泛赞誉，通常和精锐狙击作战单位联系
在一起。PSG-1 狙击步枪的缺点在于重量较大，不适合移动使用。

PSG-1 狙击步枪右侧方特写

趣 闻 逸 事

　　在电影《神枪手》
中，PSG-1 狙 击 步 枪
被陈新伟（O 仔）在
内的多名特别任务连
狙击手所使用。

PSG-1 狙击步枪（下）和 MSG90 狙击步枪（上）

TOP 3

SVD 狙击步枪

SVD 狙击步枪是由苏联设计师德拉贡诺夫在 1958—1963 年研制的半自动狙击步枪。

排名依据

SVD 狙击步枪也是现代第一支为支援班排级狙击与长距离火力支援用途而专门制造的狙击步枪。在以游击战和战场前线的任务需要下，考虑到目标可能随机出现及移动并隐藏的狙击需要，因此 SVD 狙击步枪作为半自动步枪先天射速较高，但又有近似手动步枪的可靠性，是评价极高的枪型。

SVD 狙击步枪后侧方特写

制造历程

SVD 狙击步枪的研发可以追溯到 1958 年，当时苏联提出设计一种半自动狙击步枪的构想，要求提高射击精度，又必须保证武器能够在恶劣环境条件下可靠地工作，而且必须简单轻巧紧凑。苏联军队在 1963 年选中了由叶夫根尼·费奥多罗维奇·德拉贡诺夫设计的半自动狙击步枪，用以代替莫辛－纳甘 M1891/30 狙击步枪。通过进一步的改进后，在 1967 年开始装备部队。

美国海军陆战队使用 SVD 狙击步枪

哈萨克陆军使用 SVD 狙击步枪在野外
执行任务

枪体结构

SVD 狙击步枪的基本构造为短行程导气式活塞运作半自动步枪。枪管的末端为左旋滚转枪机给弹，枪机上只用 3 个锁耳进行闭锁，定位于药室后方。由于早先的苏联子弹装药纯度不良，可能是含碳量略高的关系，射击后常留

黑色涂装的 SVD 狙击步枪

下有腐蚀性的残渣与积碳，导致枪管与气体活塞管产生阻塞，所以德拉古诺夫将 SVD 狙击步枪的气体活塞管增加一个气体调节器，用来调整气体的压力，以平衡机件在不同气候环境下产生的差异。

作战性能

SVD 狙击步枪在使用性能上可以说是可靠的，但在精度、人体工学上无法与高精度专业狙击步枪相媲美。苏军狙击手是随同大部队进行支援任务，并不是以小组进行渗透、侦查、狙击，以及反器材 / 物资作战，因此 SVD 狙击步枪发挥的作用有限，仅仅将班排单位的有效射程提升到 800 米，更远距离的射击能力则受限于其光学器材与枪支性能。即便如此，SVD 狙击步枪的可靠性仍然是公认的，这使得其被长期而广泛地使用，在许多局部冲突中都曾出现。

第四届十一月狙击手大赛上中的 SVD 狙击步枪

趣闻逸事

电影《美国狙击手》中，SVD 狙击步枪被叛军狙击手穆斯塔法使用。奇怪的是有时会变成 PSL 狙击步枪。

乌克兰士兵使用 SVD 狙击步枪

重要配件

SVD 狙击步枪有两种不同的瞄准装置，一是弧形表尺与圆柱准星组成的机械瞄具，表尺分划从 0 ~ 1200 米每 100 米一个分划，瞄准基线长 587 毫米。另一种瞄具，也是主瞄具，是放大 4 倍的 PSO-1 型瞄准镜，视场 6

度，物镜直径 24 毫米，安装在机匣左侧。瞄准镜座的安装不影响射手在紧急情况下使用机械瞄具。PSO-1 型瞄准镜内部的分划板可用于测距。当射手捕捉到位于水平线和测距曲线之间 1.7 米高的目标时，他可以在测距曲线上部的一个分划上看到相应的目标距离。此时，射手只要调整距离调节手轮就可以将弹道修正到测定的距离上，从而达到非常高的命中概率。PSO-1 型瞄准镜还装有红外线感光屏，通过照明开关上方的手柄控制，白天可以收起感光屏（手柄水平位置），让出瞄准光路；夜间可以将感光屏接入光路中（手柄垂直位置），可以发现敌人的主动红外光源，例如红外探照灯，但不能算作真正的夜视仪。

PSO-1 型瞄准镜使用效果

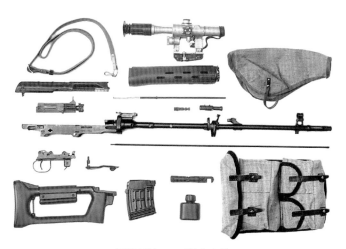

拆解后的 SVD 狙击步枪

衍生型号

名　　称	说　　明
SVDS	SVD 的空降 / 突击兵版本，于 20 世纪 80 年代开发
SVU	SVD 的犊牛式改进型，枪管长度缩短至 520 毫米，枪身全长 870 毫米
SWD-M	1998 年波兰将 SVD 进行现代化改进，采用重型枪管、可拆卸的两脚架等
Al-Kadesiah	伊拉克的 SVD 仿制型，结构与瞄准装置与 SVD 稍有不同

主要用户

国　　家	单　　位
俄罗斯	俄罗斯联邦军队、内务部、安全局、国家近卫军、司法部
乌克兰	乌克兰军队、内务部、安全局
塔吉克斯坦	塔吉克斯坦军队、内务部
阿富汗	阿富汗国民军、阿富汗国家警察
捷克	捷克军队
芬兰	芬兰国防军
格鲁吉亚	格鲁吉亚军队
匈牙利	匈牙利军队
印度	印度军队
伊拉克	伊拉克军队
哈萨克斯坦	哈萨克斯坦军队、内务部、安全局
土耳其	土耳其陆军国家宪兵

匈牙利陆军操作 SVD 狙击步枪

实战掠影

  SVD 狙击步枪在世界各地发生的多场战争中都有出现，包括越南战争、两伊战争、黎巴嫩内战和伊拉克战争等。在车臣战争的格罗兹尼战役中，车臣分离主义叛军将部队规划为许多 3 人狙击小组，对俄罗斯部队以 SVD 狙击步枪进行人员狙杀或利用火箭推进榴弹突袭装甲车辆，导致俄罗斯部队伤亡极其惨重。

俄军士兵以卧姿操作 SVD 狙击步枪

俄军士兵以站姿操作 SVD 狙击步枪

SVD 狙击步枪及其弹匣

AW 狙击步枪

　　AW 狙击步枪是英国精密国际公司北极作战系列狙击步枪的基本型，从 20 世纪 80 年代问世至今，在平民、警察和军队中均很普及。

排名依据

　　AW 狙击步枪有多种型号，PM 为北极作战系列的原型枪。此枪被英军于 20 世纪 80 年代中期以 L96 的名称列装。英军定名 AW 为 L96A1，使用与 L96（PM）相同的 7.62×51 毫米 NATO 子弹，北极作战的名称源于其在严寒气候下良好的操作性。每个国家列装的 AW 狙击步枪都稍有不同。以瑞典的 PSG-90 为例，它使用钨合金脱壳穿甲弹，瞄准镜也和 L96A1 不同。德国联邦国防军则选用发射 .300 Winchester Magnum 子弹。具备折叠枪托的 AW 版本。该步枪使用德国蔡司生产的瞄准镜，军方代号 G22。

狙击手大赛上展出的 AW 狙击步枪

▌▌▌▷ 制造历程

　　PM/L96 狙击步枪装备部队后，精密国际公司根据英军提出的要求继续改进，最终在 1990 年停止生产 PM/L96，转而生产新的改进型——AW 狙击步枪。

　　英军马上采用了这款新型步枪，并重新命名为 L96A1。AW 原本只有 7.62 毫米 NATO 口径型，1998 年又推出了 5.56 毫米 NATO 口径型。精密国际公司以 AW 狙击步枪为基础，陆续推出了一系列不同类型的狙击步枪，包括警用型 AWP、消声型 AWS、马格南型 AWM 和 .50 BMG 口径型 AW50 等。此外，上述型号中均有被称为 F 型的折叠枪托型，如 AW-F 或 AWM-F。除英国外，有 40 多个国家和地区购买了 AW 系列狙击步枪。

狙击手正在使用 AW 狙击步枪

伪装的士兵正在使用 AW 狙击步枪进行射击

▌▌▌▷ 枪体结构

　　大多数的 AW 狙击步枪使用 7.62×51 毫米 NATO 步枪子弹，但部分也可使用 5.56×45 毫米 NATO 步枪子弹、马格南子弹甚至 12.7×99 毫米 NATO。其标准配置包含瞄准镜和用于减少后坐力的枪口制退器。该枪在多个国家都有列装，如英国、澳大利亚、德国、荷兰、俄罗斯、新加坡和瑞典。

AW 狙击步枪前侧方特写

作战性能

AW 狙击步枪改进了 PM/L96 的枪机，操作更快捷，只需向上旋转 60 度和拉后 107 毫米，这种设计的优点是：射手在操作枪机时头部能始终靠在托腮处，因而狙击手可以一边保持瞄准，一边抛出弹壳和推弹进膛。AW 狙击步枪能达到 0.75MOA 的精度，据说在 550 米的距离发射船形尾比赛弹的散布直径能小于 51 毫米。

搭在两脚架上的 AW 狙击步枪

趣闻逸事

在电子游戏《战争前线》中，AW 狙击步枪被命名为"AWM"，为狙击手专用武器。橄榄色枪身，使用 5 发弹匣，未安装双脚架，枪身前端加装一小段战术导轨，用于加装外挂部件。

AW 狙击步枪后方特写

重要配件

　　AW 狙击步枪配用的瞄准镜通常是由精密国际公司设计、德国施密特·本德公司生产的 Mk II 军用瞄准镜。该瞄准镜有四种不同规格，分别为固定倍率的 6×42 和 10×42，可变倍率的 （3~12）×50 和（4~16）×50。精密国际公司设计的密位点分划即使在较暗的目标背景中也很容易辨别，而且有辅助测距线。当瞄准镜损坏或对付近距离内突然出现的目标时，狙击手可利用后备机械瞄具应急。

AW 狙击步枪瞄准镜多角度特写

衍生型号

名　　称	说　　明
AW-F	除了具备可折叠枪托外，与普通 AW 没有区别
AWP	执法机构使用的 AW 改型
AWS	又名 AWC，装有消声器，易于拆卸
AWM	使用大威力子弹的改型，其中使用 .338 Lapua Magnum 子弹的又称 AWSM
AW50	反器材步枪，经过重新设计，使用 12.7×99 毫米 NATO 子弹
AS50	使用 12.7×99 毫米 NATO 子弹，主要供美国海军"海豹"突击队使用
AE	AW 的简化版本，尽管不如 AW 系列坚固，但价格却下降了很多

AWP 狙击步枪

主要用户

国　　　家	单　　　位
英国	英国陆军、海军陆战队
德国	德国联邦国防军
美国	美国陆军
荷兰	荷兰陆军、空军、海军陆战队
挪威	挪威陆军特种部队、海军特种部队
澳大利亚	澳大利亚国防军
俄罗斯	俄罗斯"阿尔法"特种部队
韩国	韩国特种部队
葡萄牙	葡萄牙陆军
波兰	波兰军队行动应变及机动组
马来西亚	马来西亚特种警察部队
亚美尼亚	亚美尼亚军队
比利时	比利时国防军
瑞典	瑞典国防军、警察

使用 AW 狙击步枪的澳大利亚狙击手

⫸ 实战掠影

  2009 年 11 月，英国陆军狙击手克雷格·哈里森在阿富汗南部赫尔曼德省穆萨堡山区使用一支 AWM 狙击步枪在 2475 米的距离成功射杀了两名塔利班武装人员，创下世界远程狙击的新纪录。

精心伪装的狙击手及其 AW 狙击步枪

在森林中使用 AW 狙击步枪的狙击手

雪地中的 AW 狙击步枪

巴雷特 M82 狙击步枪

M82 是美国巴雷特公司研制的重型特殊用途狙击步枪。

排名依据

　　M82 狙击步枪是枪管后坐式半自动枪械，已被美军大量用于实战。此枪也是最初的反器材步枪，但是因其太大及太重也使其很难用于机动战中的支援火力。.50 口径的子弹，尤其是全金属套的子弹，可以轻易打穿四级以下的防弹衣和多种墙壁。此外加的动能使 M82 比同级枪更能穿透硬装甲和等级 8 的防弹玻璃打死目标（有可能的），这些优点使 M82 狙击步枪被枪支管制论的支持者列为大敌。

搭在两脚架上的 M82 狙击步枪

制造历程

　　M82 狙击步枪是由朗尼·巴雷特设计，主要使用 12.7×99 毫米北约标准步枪弹。该口径的弹药原是勃朗宁 M2 重机枪所用，于 20 世纪 80 年代早期开始研发，之后在 1982 年造出第一把样枪，命名为 M82，1986 年发展出 M82A1 狙击步枪。1987 年，更先进的 M82A2 无托式步枪研发成功。M82 系列最新的产品是 M82A1M，被美国海军陆战队大量装备并命名为 M82A3 SASR。

士兵正在使用 M82 狙击步枪

手持 M82 狙击步枪的士兵

枪体结构

M82 狙击步枪是枪管后坐式半自动枪械,当击发时枪管短距缩回后由回转式枪机安全锁住。短暂后退后,枪栓被推入弯曲轨再扭转把枪管解锁。当栓机解锁后,枪机拉臂瞬间退回,枪管转移后坐力的动作完成循环。之后枪管固定且栓机弹回,弹出弹壳。当撞针归位后,枪机从弹匣引出一颗子弹并送进膛室对准枪管。M82A1 狙击步枪可使用瞄准镜和折叠式准星来瞄准,以备瞄准镜损坏时继续使用。

作战性能

M82 狙击步枪具有超过 1500 米的有效射程,甚至有过 2500 米的命中纪录,超高动能搭配高能弹药,可以有效摧毁雷达站、卡车、战斗机(停放状态)等战略物资,因此也被称为"反器材步枪"。

由于 M82 狙击步枪可用来攻击躲在掩体后的人员,但这并不是主要用途。除了军队以外,美国很多执法机关也钟爱此枪,包括纽约警察局,因为它可以迅速拦截车辆,一发子弹就能打坏汽车引擎,也能很快打穿砖墙和水泥,适合城市战斗。美国海岸警卫队还使用 M82 狙击步枪进行反毒作战,有效打击了海岸附近的高速运毒小艇。

M82 狙击步枪左侧方特写

趣 闻 逸 事

电影《魔鬼终结者: 创世纪》中,型号为 M82A1 狙击步枪在故事开头被莎拉·康纳用以击倒 T-800 型机器人,但 M82 A1 型在现实中的 1984 年尚未推出。

重要配件

M82 系列狙击步枪通常装备刘波尔德 Mark 4 瞄准镜，其中 M82A3 狙击步枪有长型战术导轨和美军光学望远镜，所以能够使用更多的瞄准配件。此外，该枪还可安装瞄准镜和折叠式机械瞄准具，以备不时之需。所有的 M82 狙击步枪都有可折叠式提把和两脚架，其中 M82A3 狙击步枪的这两类配件可以拆卸。M82A3 狙击步枪有分离式枪托，枪托内有柔软填充物和特种橡胶后坐垫，可以抵消射击后坐力。M82A1 和 M82A3 狙击步枪都能安装 M3 或 M122 三脚架，或者装于一些车辆上的"巴雷特软拖架"。

美军使用 M82 狙击步枪进行阵地防御

使用 M82 狙击步枪的美军两人小组

衍生型号

名　　称	说　　明
M82	基本型，12.7×99 毫米半自动狙击步枪，圆柱箭头形枪口制退器
M82A1	枪口制退器改为双膛 V 形（箭头形）
M82A1A	主要用于发射 Mk 211 Mod 0 型 .50 口径子弹
M82A1M	改良版，加长战术轨系统、后方滑轨和固定转轴插口
M82A2	半自动无托结构狙击步枪，一种扛在肩上的重型狙击步枪
M82A3	依照 M82A1M 规格设计的新产品，加长战术轨系统，没有后方滑轨和固定转轴插口
M107	美军对 M82 狙击步枪的正式命名，配备 Leupold 4.5×14 Vari-X 瞄准镜
M107A1	减轻重量，改用 1 个新的圆柱形钛合金枪口制动器、钛合金枪管钥匙及后坐缓冲系统
M107CQ	一种商业性质的产品，枪管缩短，适合作直升机和船舰防卫、侦察和都市近战等用途

使用 M82A3 狙击步枪的美国海军陆战队员　　美军士兵在丛林中使用 M107 狙击步枪

▌▌▌▌▶★◀ 主要用户

国　　家	单　　位
美国	美国军队、警察、联邦调查局人质拯救队
英国	英国军队
韩国	韩国特种部队单位
波兰	波兰军队行动应变及机动组
巴基斯坦	巴基斯坦陆军特勤组
马来西亚	马来西亚军队特种部队单位
意大利	意大利军队特种部队单位
希腊	希腊军队特种部队单位、海军陆战队
芬兰	芬兰国防军
捷克	捷克陆军特种部队单位
阿尔巴尼亚	阿尔巴尼亚陆军特种部队营
比利时	比利时国防军

美军士兵使用 M82 狙击步枪在伊拉克作战　　美国海军陆战队员使用 M82 狙击步枪练习射击

实战掠影

　　2012 年 12 月 29 日，澳大利亚第二特种突击团的两名狙击手在阿富汗乌鲁兹甘省使用 M82A1 狙击步枪在 2815 米的距离上射杀了 1 名塔利班指挥官，同时也刷新了英国狙击手克雷格·哈里森在 2009 年 11 月创下的 2475 米长距离狙击记录。不过无法确认到底是谁射出的子弹命中了目标，因为当时是两人两枪同时开火，结果只有一枪命中。

美军在"沙漠风暴"行动中使用的 M82 狙击步枪和军服

美军爆炸军械处理小组（EOD）成员使用 M82 狙击步枪射击

装备 M82 狙击步枪的美国陆军狙击手

Chapter 06

自动与手动步枪

　　自动步枪是指借助火药气体压力及弹簧的作用力完成推弹、闭锁、击发、退壳和供弹等一系列动作的连发步枪。手动步枪是以手动方式完成子弹送膛（上膛）与将使用过的弹枪机退出枪膛（退膛）的步枪。本章详细介绍了全球自动与手动步枪建造史上影响力最大的十种型号，并根据其生产年限、综合性能、威力大小、建造数量等因素进行了客观公正的排名。

服役时间与生产厂商

TOP10　M1 卡宾枪	
服役时间	1942—1973 年
生产厂商	温彻斯特连发武器公司是美国的一家军工企业,创立于 1866 年,总部位于康涅狄格州纽哈芬市。多年来,该公司为美国军队提供了上百万支轻武器,对美国国家安全,甚至是美国文化形成都起了关键作用

TOP9　李 - 恩菲尔德步枪	
服役时间	1907 年至今
生产厂商	恩菲尔德镇位于英国伦敦的北郊,英国政府于 1804 年在那里建了一家兵工厂——恩菲尔德兵工厂。最初,恩菲尔德兵工厂只是负责组装布朗 - 贝丝燧发枪,后来逐步发展成设施完善、具有研发能力的轻武器研究与生产厂

TOP8　莫辛 - 纳甘步枪	
服役时间	1891 年至今
生产厂商	伊兹玛什工厂前称是伊热夫斯克兵工厂,最初是于 1760 年建立的以生产轻武器和大炮配件为主的铁器厂,1763 年由沙皇俄国政府接管并开始生产武器。1991 年,伊热夫斯克兵工厂更名为伊兹玛什工厂

TOP7　Kar 98k 步枪	
服役时间	1935 年至今
生产厂商	毛瑟是德国的一家枪械制造商,是 1874 年 5 月 23 日开始生产旋转后拉式枪机步枪的著名品牌,初期业务主要为德国军队提供枪械,现在变成民用枪械的生产商

TOP6　M1"加兰德"步枪	
服役时间	1933—1957 年
生产厂商	春田兵工厂始创于 1794 年，关闭于 1964 年，曾经是美国政府的主要国营轻兵器生产和研发中心

TOP5　HK417 自动步枪	
服役时间	2005 年至今
生产厂商	黑克勒－科赫是德国的一家枪械制造公司，位于巴登－符腾堡邦的内卡河河畔奥伯恩多夫，但在美国也有分部。以诸多类型的手持武器著称

TOP4　HK G3 自动步枪	
服役时间	1959 年至今
生产厂商	黑克勒－科赫是德国的一家枪械制造公司，位于巴登－符腾堡邦的内卡河河畔奥伯恩多夫，但在美国也有分部。以诸多类型的手持武器著称

TOP3　M4 卡宾枪	
服役时间	1994 年至今
生产厂商	雷明顿武器公司于 1816 年由伊莱佛利－雷明顿二世于美国纽约州伊利恩城创立，为美国一家历史悠久的军事工业公司，且是美国国内唯一同时生产枪械及弹药的武器公司，到目前为止开发了大量枪械及弹药产品。由于它的顾客群横跨逾 60 个国家和地区，促使物流中心比许多竞争对手都还要庞大

TOP2　FN FAL 自动步枪	
服役时间	1954 年至今
生产厂商	比利时 FN 公司没有正式中文译名，字面直译为"赫尔斯塔尔国有工厂"，是比利时的一家枪械制作及生产公司，在美国有分部 FNMI（FNH USA），主要研制及开发各类枪械与子弹

TOP1　M14 自动步枪	
服役时间	1957 年至今
生产厂商	春田兵工厂始创于 1794 年，关闭于 1964 年，曾经是美国政府的主要国营轻兵器生产和研发中心

 枪体尺寸

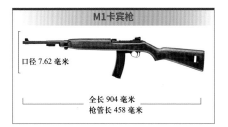

M1卡宾枪
口径 7.62 毫米
全长 904 毫米
枪管长 458 毫米

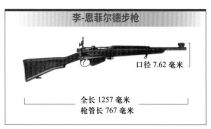

李-恩菲尔德步枪
口径 7.62 毫米
全长 1257 毫米
枪管长 767 毫米

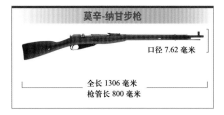

莫辛-纳甘步枪
口径 7.62 毫米
全长 1306 毫米
枪管长 800 毫米

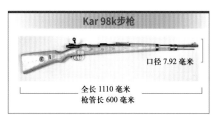

Kar 98k步枪
口径 7.92 毫米
全长 1110 毫米
枪管长 600 毫米

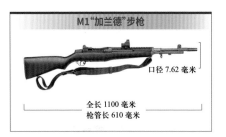

M1"加兰德"步枪
口径 7.62 毫米
全长 1100 毫米
枪管长 610 毫米

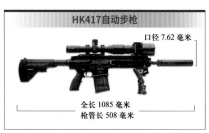

HK417自动步枪
口径 7.62 毫米
全长 1085 毫米
枪管长 508 毫米

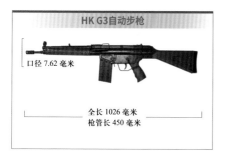

HK G3自动步枪

口径 7.62 毫米

全长 1026 毫米
枪管长 450 毫米

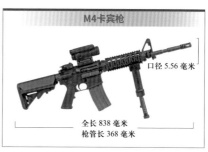

M4卡宾枪

口径 5.56 毫米

全长 838 毫米
枪管长 368 毫米

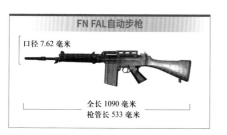

FN FAL自动步枪

口径 7.62 毫米

全长 1090 毫米
枪管长 533 毫米

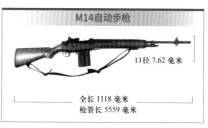

M14自动步枪

口径 7.62 毫米

全长 1118 毫米
枪管长 5559 毫米

基本性能数据对比

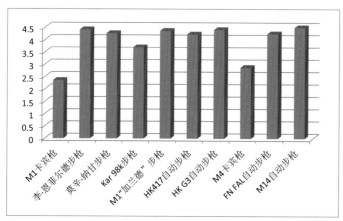

空枪重量对比图（单位：千克）

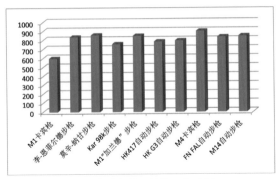

枪口初速对比图（单位：米／秒）

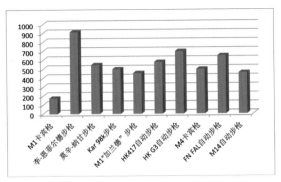

有效射程对比图（单位：米）

10
TOP

M1 卡宾枪

M1 卡宾枪是美国在二战及朝鲜战争的制式轻型半自动步枪，有多种衍生型，是二战中美国使用的最广泛的武器之一。

排名依据

M1 卡宾枪在二战中表现极佳，在欧洲战场该枪及其改进型 M1A1 卡宾枪大量装备给士官、侦察兵和空降部队。而在太平洋战场几乎遍地都是。M1 卡宾枪也曾是联邦德国巴伐利亚乡村警察及以色列警察使用的武器。以色列至今仍拥有大量 M1 卡宾枪及弹药。

制造历程

1938 年，美国陆军要求为军官、军士、车组成员、机枪手、通信兵及其他不便携带全尺寸步枪的士兵配备一款介于步枪与手枪之间的、重量不超过 2.5 千克的轻型步枪，作为轻型自卫武器用以取代手枪和冲锋枪。1940 年美国军方批准研制计划，由温彻斯特连发武器公司设计的样枪以及弹药被美军选中，1941 年定型，命名为 M1 卡宾枪，并于 1942 年进入现役装备部队。直到二战结束，M1 卡宾枪共生产了超过 600 万支。M1 卡宾枪主要被二战时的美国海军陆战队使用。

M1 卡宾枪左侧方特写

M1 卡宾枪后侧方特写

枪体结构

M1 卡宾枪采用的短行程活塞的导气自动原理是由大卫·威廉姆斯设计

的。导气孔位于枪管中部，距弹膛前端面 115 毫米，活塞在枪管下方，后坐距离仅 3.5 毫米。发射时，火药燃气通过导气孔进入导气室并推动活塞向后运动，活塞撞击枪机框，使之后坐。枪机框后坐约 8 毫米后，膛压下降至安全值，这段时间为开锁前的机械保险。然后，枪机框导槽的曲线段与枪机导向凸起相扣合，枪机开始旋转（同时起预抽壳的作用）开锁。在枪机后坐过程中，其上的抽壳钩拉着弹壳向后运动，弹壳被拉出弹膛后，由枪机上的弹性抛壳挺向右前方抛出。

早期 M1 卡宾枪上的保险是横推式的开关，但后来改成回转式的杠杆开关，这是因为在持续射击时保险按钮会变得过热，弹匣扣紧邻保险按钮，发烫的保险按钮会影响更换弹匣。

M1 卡宾枪分解

⫸ 作战性能

M1 卡宾枪具有重量轻、射击时容易控制等优点。在二战期间，该枪被认为是一种有效的近战武器。它拥有便于更换的弹匣和较大的容弹量，实际射速高且后坐力低，其射击精度和侵彻作用比使用手枪弹的冲锋枪强。

带折叠式枪托的 M1 卡宾枪

趣闻逸事

M1 卡宾枪曾出现在二战后拍摄的众多电影和电视剧当中，如《血战太平洋》，剧中就由众多角色广泛使用。《实尾岛风云》中 M1 卡宾枪作为韩国六八四特种部队训练用枪。

射击中的 M1 卡宾枪

李 - 恩菲尔德步枪

　　李 - 恩菲尔德步枪是 1895—1956 年英军的制式手动步枪，有多种衍生型，也是英联邦国家，包括加拿大、新西兰、澳大利亚及印度的制式装备。

排名依据

　　李 - 恩菲尔德短步枪首创了"短步枪"的概念，全枪长度由李氏步枪全长 1257 毫米缩短为 1130 毫米。李 - 恩菲尔德步枪是实战中射速最快的旋转后拉式枪机步枪之一，而且具有可靠、枪机行程短、操作方便的优点。

李 - 恩菲尔德短步枪 MK I

制造历程

　　1888 年英国军队采用发射药为黑火药、.303 口径的李 - 梅特福弹匣式步枪，简称 MLM 步枪。李 - 恩菲尔德步枪衍生自 .303 口径枪弹李 - 梅特福改进型，.303 口径枪弹改成无烟发射药后，由恩菲尔德兵工厂改进枪管膛线，1895 年命名为李 - 恩菲尔德弹匣式步枪，简称 MLE 步枪。为与后来的"短"步枪（SMLE）区别，MLM 步枪和 MLE 步枪统称为"李氏长步枪"。此外，还有供骑兵用的卡宾枪。布尔战争之后，在李氏长步枪的基础上改进，首创"短步枪"的概念，名为"李 - 恩菲尔德弹匣式短步枪"，于 1903 年投产。至今，仍有 SMLE 步枪在民用市场用于狩猎和打靶，或作为纪念品被收藏。

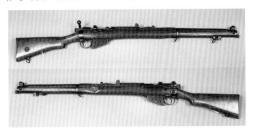

李 - 恩菲尔德短步枪 MK III

配备李 - 恩菲尔德步枪的加拿大游骑兵

枪体结构

　　李 - 恩菲尔德步枪的特点是采用由詹姆斯·帕里斯·李发明的旋转后拉式枪机和盒形可卸式弹匣（此后，英军的多种恩菲尔德手动步枪均是这个系统的改进型），后端闭锁的旋转后拉式枪机装填子弹速度比较快；安装固定式盒形双排容量 10 发弹匣装弹［弹匣虽可拆卸，只是为维护或损坏更换方便，在使用中弹匣不拆卸，子弹通过机匣顶部抛壳口（装弹口）填装］，提高了持续火力。

李－恩菲尔德步枪拆解图

李－恩菲尔德步枪左侧方特写

作战性能

在一战中的堑壕战中，李－恩菲尔德步枪迅猛的火力给它的敌人留下深刻的印象。曾有一个排英军士兵用其射击时，火力密度让对面的德军以为受到了机枪压制。当时的恩菲尔德兵工厂甚至生产了可装 20 发子弹的弧形固定弹匣用于堑壕战。

趣闻逸事

在二战及朝战时期，一部分李－恩菲尔德步枪被改为狙击步枪。1970 年，除 L42A1 外，皇家轻武器工厂也推出了 7.62×51 NATO 的"强制者"系列狙击步枪供英国警队使用，现在这批"强制者"狙击步枪成为民用市场的珍品。

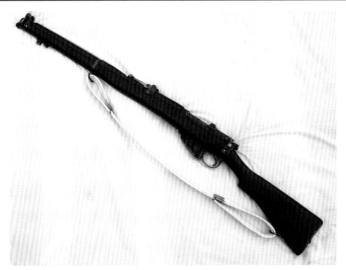

李－恩菲尔德步枪后侧方特写

莫辛-纳甘步枪

莫辛-纳甘步枪是由俄国陆军上校莫辛和比利时枪械设计师李昂·纳甘共同设计命名的手动步枪。

排名依据

多种型号的莫辛-纳甘步枪在俄罗斯帝国军队及苏联红军作为制式武器服役，该枪在日俄战争及两次世界大战都有使用，至今仍是民用步枪常见型号。

莫辛-纳甘步枪前侧方特写

制造历程

1890年，沙皇俄国开始更换军方装备的大口径（10.67×58）伯丹单发填装步枪，该枪早在俄土战争中就已经显示出太落后，因此有必要推出一种新式步枪。俄国人在设计新步枪时，招标过程中吸取了李昂·纳甘提交的枪型设计中的一些元素，俄国兵工厂将纳甘的供弹系统设计与俄国陆军上尉莫辛(后晋升上校)设计的步枪结合推出了新式步枪，因此这种步枪被称为"莫辛-纳甘"步枪，上述设计的步枪是3线口径（线是当时俄罗斯的一种量度单位，现已废弃，3线约等于0.30寸或7.62毫米）M1891型步枪。

莫辛-纳甘步枪于1891年面世投入生产，分别交由图拉、伊热夫斯克、谢斯特罗列茨克3家兵工厂生产，1893年开始大规模生产，经历了日俄战争，在一战时成为俄军主力武器，对于俄军庞大的规模，莫辛-纳甘步枪的生产力远不能满足，沙皇俄国先后委托法国及美国的兵工厂帮助生产。

十月革命后，大量的莫辛‑纳甘步枪被布尔什维克红军缴获。在内战期间，由于带有长长的刺刀让敌人印象深刻。苏联时期，莫辛‑纳甘步枪进行了重大改进，1930 年进行最大的改进后命名为 M1891/30 型步枪。二战爆发后再次成为苏军的主力武器。战争后期，莫辛‑纳甘步枪显得过时了，虽然进行了战时的改进，战后很快被采用中间型威力子弹的新式步枪替代，大概于 1948 年在苏联全面停产。

莫辛‑纳甘步枪后侧方特写

莫辛‑纳甘步枪局部特写

枪体结构

莫辛‑纳甘步枪采用的是一种旋转后拉式枪栓与弹仓式供弹的设计，枪机部分细小零件很少；整体弹仓位于枪托下扳机护圈前面，使用能携带 5 发子弹的弹夹，通过机匣顶部的抛壳口单发或用弹夹填装，弹仓口有一个隔断面器，用于枪弹上膛时隔开第二发子弹；枪弹是击针式击发；因拉机柄力臂较短，枪机操作时不太顺畅，所需力量较大，拉机柄为直式，狙击步枪采用下弯式拉机柄；手动保险为枪机尾部凸出的圆帽，上边有滚花，以提高摩擦力防止打滑，将其向后拉并向左旋转会锁住击针使其无法向前运动形成保险。早期的可拆卸刺刀通过管状插座套在枪口上，后期的 1944 型卡宾枪改为不可拆卸的折叠式刺刀。

莫辛‑纳甘步枪套装

▌▌▌▶ 作战性能

莫辛－纳甘步枪的优点是易于生产、使用简单可靠，无须多的维护，符合当时沙俄工业基础差、军队士兵素质低的实际状况。

一战沙俄士兵装备的莫辛－纳甘步枪

▶ 趣闻逸事

在越战后至今，一些小型冲突及较落后的地区中仍有莫辛－纳甘步枪被使用，而在民用市场中，因所配用的子弹还是制式弹药，价格很便宜而容易获得，莫辛－纳甘步枪也是不少收藏家及射击爱好者的首选。

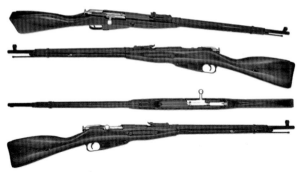

莫辛－纳甘步枪多角度特写

Kar 98k 步枪

Kar 98k 步枪是由 Gew 98 毛瑟步枪改进而来的半自动步枪,它是二战中德国军队广泛装备的制式步枪,也是战争期间产量最多的轻武器之一。

排名依据

Kar 98k 步枪在两次世界大战中被配发给大部分德国步兵,证明了它的高可靠性,也成为枪械历史上的经典。世界各国仿造的枪支更是不计其数,大部分手动步枪几乎都是根据它的闭锁机构设计改进而成。多用途是 Kar 98k 步枪服役期限较长的原因之一。纳粹德军在二战期间广泛地装备毛瑟 Kar 98k 步枪,在所有德军参战的战区如欧洲、北非、苏联、芬兰及挪威皆可见其踪影,当时德军士兵昵称为 "Kars",在欧洲的反抗军也时常采用捕获的 Kar 98k,连苏联红军也采用 Kar 98k 及其他捕获的德军枪械。

Kar 98k 步枪右侧方特写

制造历程

20 世纪 30 年代,德国重整军备,经过改进的标准型毛瑟步枪被德国国防军作为制式步枪,命名为 Karabiner 98k,简称 Kar 98k 或 K98k,其中尾部的 k 是 "Kurz" 的缩写,德语意为 "短"。相对于 Gew 98 步枪,Kar98k 步枪的长度缩短不少,但仍比一般卡宾枪要长。该枪在 1935 年正式投产,同年装备德军,1945 年停产。

Kar 98k 步枪左侧方特写

装有瞄准镜的 Kar 98k 步枪

▍▍▍▶ 枪体结构

Kar 98k 步枪继承了毛瑟 98 系列步枪经典的旋转后拉式枪机，枪机尾部是保险装置。子弹呈双排交错排列的内置式弹仓，使用 5 发弹夹装填子弹，子弹通过机匣上方压入弹仓，也可单发装填。拉机柄由直形改为下弯式，便于携行和安装瞄准镜。

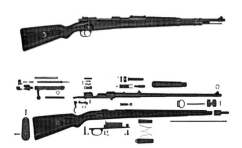

Kar 98k 步枪拆解图

▍▍▍▶ 作战性能

Kar 98k 步枪的用途较多，可加装 4 倍、6 倍光学瞄准镜作为狙击步枪投入使用。Kar 98k 狙击步枪共生产了近 13 万支并装备部队，还有相当多精度较好的 Kar 98k 步枪被挑选出来改装成狙击步枪。此外，Kar98k 步枪还可以加装枪榴弹发射器。

Kar 98k 步枪后侧方特写

> ◆趣◆闻◆逸◆事◆
>
> 在二战时期被德军使用过的 Kar 98k 步枪现在成为世界各地收藏家的珍品，也是民间射击活动中一种非常普遍的步枪。在 2005 年，俄罗斯在二战及战后缴获的大批 Kar 98k 步枪被重新送到美国及加拿大民间市场作为"军用剩余品"出售。

德国联邦国防军阅兵仪式上手持 Kar 98k 步枪的士兵

M1 "加兰德"步枪

M1 "加兰德"步枪是世界上第一种大量服役的半自动步枪,也是二战中最著名的步枪之一。

排名依据

　　M1"加兰德"步枪投产之后,最初生产和装备军队的速度都十分缓慢,随着美国于 1941 年参加二战,"加兰德"步枪产量猛增,它被证明是一种可靠、耐用和有效的步枪,被公认为是二战中最好的步枪。美军士兵非常喜爱 M1"加兰德"步枪,部队报告称:"M1 步枪受到了部队的好评。"这一称赞不仅仅来自于陆军和海军陆战队,而是来自于美军全军。该枪出色地通过所有极限环境下的考验,几乎所有士兵都希望装备 M1 步枪,从未提出过要进一步改进之类的建议。美国著名将军乔治·巴顿评价它是"曾经出现过的最了不起的战斗武器"。

M1 步枪前侧方特写

⬛⬛⬛▶ ★ 制造历程

　　1920 年,约翰·坎特厄斯·加兰德在春田兵工厂开始设计半自动步枪。1929 年,样枪送交阿伯丁试验场参加美国军方新式步枪选型试验。通过对比试验,1932 年加兰德设计的自动装填步枪被选中。其间,美国军械委员会指令更改样枪的口径为 7 毫米,中选后又因会导致后勤混乱的理由遭到军方否决,又被要求改用 7.62 毫米口径。经过进一步改进,1936 年正式定型命名为 M1"加兰德",并在 1937 年投产,成为美国军队制式步枪,用以取代美国陆军的 M1903 春田步枪(手动后拉式枪机)。M1"加兰德"步枪是枪械历史上第一种大量生产进入现役的半自动(自动装填)步枪。

　　M1"加兰德"步枪也是二战中美国军队的主要步兵武器。越战初期,美军及南越部队仍有小量装备的 M1"加兰德"。直到 1957 年,M14 自动步枪列装后,M1"加兰德"步枪才退出现役。作为替代的 M14 自动步枪还保留了很多 M1"加兰德"步枪的特色。M1"加兰德"也是很多国家的军队装备,至今仍可发现 M1"加兰德"步枪的踪影。

二战时期使用 M1 "加兰德" 步枪的
美军士兵

射击时的 M1 "加兰德" 步枪

▐▐▐▐▶★ 枪体结构

　　M1 "加兰德" 步枪木质枪托护木延伸至枪管中心，有 1 个木质护手掩盖在枪管上，此护手向前延伸在前端留下约有 1/3 长度的枪管露出。该枪枪机很短，而照门就在其上方。闭锁式枪机的两片前向推杆位在该枪后膛之后，扭转后可与枪机凹槽相容。枪机可直接自凹槽拆开，易于分解和清洁。M1 "加兰德" 步枪的枪机十分重，但它并没承受很大的应力，而且额外的重量也使该枪在发生弹壳破裂等类似的危险时能提供一定程度的保护作用。

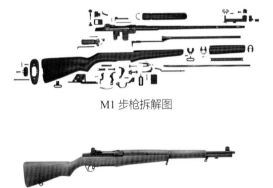

M1 步枪拆解图

M1 "加兰德" 步枪右侧方特写

▐▐▐▐▶★ 作战性能

　　与同时代的手动后拉枪机式步枪相比，M1 "加兰德" 步枪的射击速度有了质的提高，并有着不错的射击精度，在战场上可以起到很好的压制作用。此外，该枪可靠性高，经久耐用，易于分解和清洁，在丛林、岛屿和沙漠等战场上都有出色的表现，被公认为是二战中最好的步枪之一。

黑色涂装的 M1"加兰德"步枪

趣 闻 逸 事

　　M1"加兰德"步枪在多套讲述二战和朝鲜战争的电影和电视剧中出现,较有名的是《坦克大决战》《红色警戒》《太平洋战争》《诺曼底大空降》等,也出现在多款电子游戏当中,如《战地》系列、《使命召唤》系列。

M1"加兰德"步枪及子弹

HK417 自动步枪

HK417 是德国 HK 所推出的 7.62×51 毫米 NATO 战斗步枪，以 HK416 的内部设计修改而成。

排名依据

作为 HK 公司的主力武器，HK417 自动步枪的精度相当不错，使用比赛弹的情况下 100 米可以达到 5 发子弹 0.5MOA。HK417 自动步枪是在 2005 年的美国陆军协会（AUSA）年会上推出的。HK 公司现已装配完成了一个基于民用现有技术（COTS）的枪族，该武器与目前在研制的特种作战部队战斗突击步枪（SCAR）相似。HK417 突击型是 HK417 系列中唯一能与 Mk 14 EBR 竞争的产品，因为它缩起枪托后的长度只有 805 毫米。

士兵使用 HK417 自动步枪在野外执行任务训练

制造历程

在 2006 年 SHOT SHOW（枪支、狩猎和户外用品商展）上，HK 公司展出了一种外观与早期稍有不同的 HK417 自动步枪，但从 2008 年开始推出的 HK417 量产型的外形与 2006 年时的原型枪又有所不同，而且弹匣从原来的金属弹匣改为半透明塑料弹匣，弹容量有 10 发和 20 发两种，另外可配 50 发塑料弹鼓。目前，HK417 自动步枪已少量装备一些国家的特种部队或特警队。

德国军队曾经在 G27 项目中试验过 HK417 自动步枪，G27 是预定要代替原装备的 G3 的 DMR 步枪，但在 2010 年时德军宣布 HK417 自动步枪没能通过其试验，原因是精度不过关。不过 HK 公司后来在 HK417 自动步枪的民用半自动型基础上改进的 DMR 步枪则被德军采用为 G28。在 2013 年，HK 公司把 G28 的部分新特征综合到 HK417 自动步枪上，推出了 HK417A2。

配备 HK417 自动步枪的士兵

HK417 自动步枪套装

▌▌▌▶ ★ 枪体结构

早期的 HK417 样枪采用来自 HK G3 的没有空枪挂机功能的 20 发金属弹匣，后期改用了类似 HK G36 自动步枪的半透明聚合塑料弹匣，这种弹匣除了具有空枪挂机功能外，更可直接并联相同弹匣而无须外加弹匣并联器。HK417 自动步枪采用伸缩枪托设计，枪托底部装有缓冲塑料垫以降低射击时的后坐力，机匣及护木设有 5 条战术导轨，采用自由浮动枪管设计，整个前护木可完全拆下，以节省维护时间。

HK417 自动步枪右侧方特写

HK417 自动步枪具有准确度高和可靠性高等优点，因此主要以精确射手步枪作主要用途，用于与狙击步枪作高低搭配，必要时可作全自动射击。

装备 HK417 自动步枪的士兵

 趣闻逸事

电影《13 小时：班加西的秘密士兵》里，HK417 自动步枪枪身被沙色涂装并装上狙击镜、抑制器和两脚架，由马克·奥兹·盖斯特和戴夫·布恩·班顿所使用。

HK 417 自动步枪及弹匣

HK G3 自动步枪

HK G3 是德国 HK 公司于 20 世纪 50 年代以 StG45 步枪为基础所改进的现代化自动步枪。

排名依据

HK G3 自动步枪是世界上制造数量最多、使用最广泛的自动步枪之一。HK G3 自动步枪在 1959 年被西德联邦德国国防军正式装备，在 1997 年被 HK G36 突击步枪取代，世界上共有 80 多个国家和地区购买了 HK G3 自动步枪，其中有 10 多个国家获得特许生产权。

在 20 世纪 70 年代，世界虽刮起一股换装小口径步枪的风潮，但现在仍有 40 多个国家和地区持续使用 HK G3 自动步枪。

HK G3 自动步枪左侧方特写

制造历程

二战末期，德国的毛瑟公司设计了一款滚轮延迟反冲式的步枪，并在 1944 年获得陆军统帅部 30 支样枪的订单，不过刚生产完零件，二战便结束了，毛瑟公司的一些员工被拘留于荷兰，并被英国人命令制造出这些武器，于是 HK G3 自动步枪的前身——StG45 就这么诞生了。

这时，滚轮延迟反冲式闭锁枪机的发明者路德维希·福尔格里姆勒前往法国，1950 年又到了西班牙的特种材料技术研究中心，加入了一个研发新型枪械的专家小组。刚开始西班牙方面并不信任他，不过在他的才能显露出来后，很快就改变了态度，并批准由他所负责的新枪研发专案，新枪很快就被制造出来，并取名为 CETME 步枪——CETME 是西班牙特种材料技术研究中心的缩写，发射 7.92 毫米毛瑟步枪子弹。

1952 年，CETME 步枪第一次试射时引起了美国军方的关注，并表示可以到美国免费试验。1954 年，CETME 步枪改为发射 7.62 毫米子弹，这时，西德正好需要新枪来装备新组建的军队，于是在 1956 年向西班牙订下合约，修改并订购 500 支的 CTEME 步枪，不过条件是在西德的 HK 公司生产，于是路德维希·福尔格里姆勒随着 CETME 步枪回到了西德。

1957 年，西德军方经过部队测试后决定装备 CETME 步枪，1958 年，西德政府正式将 CTEME 步枪的生产任务交给了 HK 公司，HK 公司自动步枪根据测试部队的意见改进 CTEME 步枪，改进后的步枪就是现在的 HK G3 步枪。

配备 HK G3 自动步枪的士兵

在伊拉克北部使用 G3 自动步枪的
土耳其士兵

枪体结构

　　HK G3 自动步枪采用半自由枪机式工作原理，零部件大多是冲压件，机加工件较少。机匣为冲压件，两侧压有凹槽，起导引枪机和固定枪尾套的作用。枪管装于机匣中，并位于机匣的管状节套的下方。管状节套点焊在机匣上，里面容纳装填杆和枪机的前伸部。装填拉柄在管状节套左侧的导槽中运动，待发时可由横槽固定。

　　发射机构是一个独立的组合件，用连接销固定在机匣上。HK G3 自动步枪的枪管采用普通膛线，弹膛内壁开有 12 条纵向槽，以降低抽壳阻力。枪口部有螺纹，并有一个锯齿形的圆环，用以安装消焰器、固定卡簧或发射空包弹的附件。该枪采用机械瞄准具，并配有光学瞄准镜和主动式红外瞄准具。

搭在两脚架上的 HK G3 自动步枪

作战性能

　　HK G3 自动步枪有很高的精度，缺点是射速慢。经过半个世纪，HK G3 自动步枪成为最普遍、通用的自动步枪之一，生产数量和 FN FAL 自动步枪相差无几。

葡萄牙士兵装备的 HK G3 自动步枪

趣 闻 逸 事

在电影《勇者行动》中,型号为 G3A3 的步枪被海豹突击队于哥斯达黎加执行营救行动中遇上的敌军使用。2015 年上映的电影《无境之兽》里部分民兵也使用型号为 G3A3 的步枪。

HK G3 自动步枪套装与特种装备

TOP 3 — M4 卡宾枪

M4 卡宾枪是 M16 突击步枪的缩短版本，被世界各国的军队及警队采用。

排名依据

M4 卡宾枪的设计可追溯至早期卡宾枪版本的 M16 及 XM177，都是由尤金·斯通纳开发的 CAR-15 发展而来，同样都是采用导气、气冷、转动式枪机设计，以弹匣供弹及可选射击模式的突击步枪，而 M4 卡宾枪的长度比 M16 突击步枪短，枪管缩短至 368.3 毫米，重量也较轻，令射手在近战时快速瞄准目标，两者有八成的部件可以共用。M4 卡宾枪取代了 .45 ACP 的 M3 冲锋枪成为美军工兵、战车驾驶员及非前线部队的装备。

射击中的 M4 卡宾枪

制造历程

1988 年美国陆军采用了 M16A2 步枪（由柯尔特公司承包）并开始进行先进战斗步枪（ACR）的计划，这时又有提供给非前线战斗人员和空降部队使用的卡宾枪需求提出。美国陆军部授命柯尔特公司在陆军部与海军陆战队联合参与下，重新展开 XM4 的研发和第二阶段的测试。经过进一步的测试和改良后，1991 年 3 月枪支正式定型，并命名为"美国 5.56 毫米北大西洋公约组织口径 M4 卡宾枪"。

配有 AN/PEQ-2A 激光 / 红外线指示器的 M4 卡宾枪

装备 M4 卡宾枪的士兵

▌▌▌▶ ★ 枪体结构

    M4 卡宾枪的最大改良是在枪管距离准星座前 25 毫米的位置增加 1 个缩颈，用以挂装 M203 榴弹发射器，此外也能改装成固定枪托；由于 M4 卡宾枪和 M16A2 构造十分相似，两者高达 85% 的零件可以互换，因此最初也有人称其 M16A2 卡宾枪，主要用于替代 M16A1/A2 步枪、M3 冲锋枪和车辆驾驶员使用的部分 9 毫米手枪，并于 1994 年正式列装。

M4 MWS 模组化武器系统

▌▌▌▶ 作战性能

    虽然 M4 卡宾枪具有紧凑及轻巧等优点，但它的短枪管令出口初速及火力降低，缩短的导气系统令射击声音增大，枪管过热较快。而沿用 M16 步枪的导气系统，开火时是依靠气体推动整个系统。一些武器专家认为，它直接将气体导入开火装置，容易携带碳渣，从而产生污垢和热量，造成润滑剂干燥，可能会在沙漠地区出现可靠性问题。

趣 闻 逸 事

    在一次位于阿伯丁陆军试验鉴定中心对柯尔特公司的 M4、比利时 FN 公司美国分公司的 MK16 SCAR、H&K 公司的 HK416 和 XM8 四种枪进行沙尘暴环境下的性能测试中，现役的主力枪支 M4 卡宾枪竟以中断射击 882 次（弹匣故障 239 次）排名倒数第一位，在加强润滑后整体故障率降低到 307 次故障，引起了陆军官方的重视。参试的 M4 卡宾枪是从基层部队抽调而来，而其他参与测试的 SCAR、XM8、HK416 则是厂商提供的全新产品。

士兵用 M4 卡宾枪执行任务

装有 M26 卡宾枪模组配件霰弹枪系统的 M4

衍生型号

名　　称	说　　明
M4A1	改进型，可全自动射击，主要用作特种作战用途，也是最常见的版本
M4 MWS	模组化武器系统，曾称作 M4E2
CQBR	由美军更换上机匣和短枪管改装而成的近战步枪
Bushmaster M4	由美国大毒蛇武器公司生产的 M4 卡宾枪，价格较便宜
LWRC M6	由美国 LWRC 公司生产的 M4 卡宾枪衍生型，已获英国特种空勤团采用
SR-556	由美国卢格·斯特姆生产的型号
LA-16	捷克生产的型号
T-14	土耳其仿制的型号

美国海军士兵练习使用 M4 卡宾枪

捷克陆军特种兵使用大毒蛇 M4 卡宾枪

主要用户

国 家	单 位
美国	美国军队、特种作战司令部、联邦调查局、中央情报局、法警局、边境巡逻队等
法国	法国陆军特种部队、法国海军特种部队、法国国家宪兵特勤队
巴西	巴西陆军特种部队、巴西海军特种部队、巴西联邦警察、里约热内卢州军事警察
以色列	以色列国防军、以色列国境警察特勤队
日本	日本陆上自卫队特殊作战群、海上自卫队特别警备队
土耳其	土耳其军队特种部队、特警
韩国	韩国海洋警察厅特别攻击队
新加坡	新加坡军队特攻部队、新加坡警察部队特殊战术与救援部队
新西兰	新西兰特种空勤团、新西兰警察
墨西哥	墨西哥军队、墨西哥联邦警察
马来西亚	马来西亚军队、马来西亚警察
希腊	希腊军队特种部队、希腊警察特别反恐单位
印度	印度军队特种部队
阿富汗	阿富汗军队、内务部、国家安全局

装备 M4 卡宾枪的阿富汗特种兵

印度士兵使用 M4 卡宾枪

实战掠影

　　M4 卡宾枪首次上阵是 1991 年的海湾战争。战争爆发前美军发现他们缺少新型步枪，大多数部队仍在使用 M16A1 突击步枪，而 M16A2 突击步枪则在 1986 年才开始装备美军部队，数量仍然不足。由于需要尽快获得大量的 M16A2 突击步枪和 M4 卡宾枪，美国国防部特别批准增加 M4 卡宾枪的供应商。位于缅因州的大毒蛇公司得到一份向美军提供 M4 卡宾枪的合约，该公司为陆军供应了 4000 把武器。这批武器在之后的"沙漠之盾"行动和"沙漠风暴"行动期间由美国陆军第 82 空降师所使用。由于美国政府未经柯尔特公司允许就向其他公司提供 M4 卡宾枪的专利和说明文件，柯尔特公司威胁控告美国政府，最后大毒蛇公司再也没有获得新的 M4 卡宾枪生产合约。

使用 M4 卡宾枪的美国海军陆战队特种兵

装备 M4 卡宾枪的美国陆军特种兵

美国陆军特种兵使用 M4 卡宾枪

FN FAL 自动步枪

　　FN FAL 自动步枪是比利时 FN 公司在 20 世纪 70 年代中期生产的突击步枪，由 FN CAL 步枪的设计改进而成。

排名依据
FN FAL 是世界著名的步枪之一，曾是多数国家的制式装备。FN FAL 自动步枪的具体产量无法准确统计，估计达到 400 万支。由于产量极大，又是西方国家的主力战斗步枪，更是被西方雇佣兵带到世界各地征战，因此 FN FAL 自动步枪被称为"自由世界的右手"，1973 年 FN 公司把该枪机匣的锻压工艺改为包埋铸造法，但其他国家生产的大多仍采用机加工艺。据说，铸造机匣比锻压机匣的寿命降低了一半。FN FAL 自动步枪工艺精良，可靠性好，易于分解，枪托接近枪管轴线，有效抑制枪口跳动，单发精度高。

FN FAL 自动步枪前侧方特写

制造历程

FN FAL 自动步枪源于二战结束后英国的新步枪研制计划,最初设计是使用 7.92×33 毫米中间型威力子弹,根据英国的要求改成 7×43 毫米口径。时逢北约为简化后勤供应进行弹药通用化选型,FN FAL 最终决定采用 7.62×51 毫米 NATO 标准子弹。在美国军方的新步枪选型试验中,春田兵工厂的 T44(即 M14)胜出,而 FN FAL 自动步枪不幸落选,但却被其他许多国家选为制式步枪。随着小口径步枪的兴起,1980—1990 年,许多国家装备的 FN FAL 自动步枪都被其他小口径步枪替换。

士兵使用 FN FAL 自动步枪进行射击训练

FN FAL 自动步枪左侧方特写

枪体结构

FN FAL 自动步枪采用气动式工作原理,枪机采用偏移式闭锁方式。导气装置位于枪管上方,导气箍前端有可调整的螺旋气体调节器,可根据不同的环境调整枪弹发射时进入导气装置的火药气体压力,可选择发射枪榴弹。带有空枪挂机机构,不随枪机运动的拉柄位于机匣左侧,快慢机柄可选择单发和连发射击模式,机匣上方装有可折叠的提把,枪口装有消焰器。

搭在两脚架上的 FN FAL 自动步枪

作战性能

FN FAL 自动步枪单发精度高，但由于使用的弹药威力强，射击时产生的后坐力大使连发射击时难以控制，存在散布面较大的问题。不过由于 FN FAL 自动步枪工艺精良、可靠性好，成为装备国家最广泛的军用步枪之一，FN 公司直到 20 世纪 80 年代仍在生产该系列产品。

现代化的伞兵型 FN FAL 自动步枪

FN FAL 自动步枪右侧方特写

趣闻逸事

FN FAL 自动步枪相对应的英文名称是 Light Automatic Rifle，意为"轻型自动步枪"，在 1960—1970 年，FN FAL 自动步枪是西方雇佣兵爱用的武器，因此被美国的雇佣兵杂志誉为"20 世纪最伟大的雇佣兵武器"。

牙买加士兵使用 FN FAL 自动步枪进行射击

衍生型号

名　称	说　明
FAL 50.41	班用机枪版本,采用塑料枪托,重型枪管、配 30 发弹匣、两脚架、固定式枪托
FAL 50.42	班用机枪版本,采用木质枪托,重型枪管、配 30 发弹匣、两脚架、固定式枪托
FAL 50.61	标准枪管,折叠枪托
FAL 50.63	短枪管伞兵型,折叠枪托。有两种版本,枪管长 458 毫米或 436 毫米
FAL 50.64	标准枪管,折叠枪托,枪托折叠长 845 毫米
美国民用型	由于美国进口条例使其难以进口完整的 FN FAL,大部份都装有"非军事化"套件

装有两脚架的 FN FAL 自动步枪　　　　　测试中的 FN FAL 自动步枪

主要用户

国　　家	单　　位
比利时	比利时国防军
巴西	巴西军队、巴西联邦警察
南非	南非国防军
奥地利	奥地利军队
澳大利亚	澳大利亚国防军
加拿大	加拿大军队
印度	印度军队
以色列	以色列国防军

（续表）

国　　家	单　　位
土耳其	土耳其军队
新西兰	新西兰国防军
新加坡	新加坡军队
荷兰	荷兰军队
马来西亚	马来西亚军队
希腊	希腊陆军、希腊警察

手持 FN FAL 自动步枪的巴西陆军士兵

装备 FN FAL 自动步枪的巴西陆军丛林步兵部队

实战掠影

2011 年 12 月 13 日欧洲中部时间 12 时 30 分前后，凶手诺尔丁·阿姆拉尼手持 FN FAL 自动步枪在比利时列日圣朗贝尔广场附近一个面包屋屋顶向购物人群乱枪扫射，并向广场附近公车站投掷 3 颗手榴弹，凶犯最终在犯罪现场吞枪自尽，另有 6 人死亡、123 人受伤。

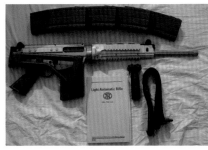
现代化的伞兵型 FN FAL 自动步枪

使用 FN FAL 自动步枪的巴西士兵

使用 FN FAL 自动步枪的希腊陆军士兵

M14 自动步枪

　　M14 自动步枪是美国在越战早期使用的战斗步枪，由春田兵工厂设计并生产，在越战时被 M16 突击步枪取代，但其后的改良衍生型重新在战场上服役。

排名依据

　　M14 自动步枪具有精度高和射程远的优点，1969 年美国军方根据 M14 自动步枪研制出 M21 狙击手武器系统，受到部队的欢迎。美军在对阿富汗、伊拉克的战争中，重新启用了配上高精度枪管、两脚架和瞄准镜的 M14 自动步枪，提供远射程精确支援火力。经过现代化改造的 M14 自动步枪重新装备军队。

装上瞄准镜的 M14 自动步枪

制造历程

　　1945 年美国实施新的步枪研究计划，著名枪械设计师约翰·加兰德在 M1 "加兰德"步枪基础上开始设计自动步枪，1954 年设计出原型枪。经过试验和改进，1957 年美国军方定型命名为 M14 自动步枪，1959 年在春田兵工厂投产。M14 自动步枪即成为美国军队的制式装备，并取代 M1 "加兰德"步枪、M1 卡宾枪。

　　美国军方当时强调军用步枪射程远的设计思想，并不接受小口径步枪弹。北约进行弹药通用化选型时，美国坚决反对任何降低威力、短射程的弹药，并施加影响，1953 年，北约选择 7.62×51 毫米子弹作为标准步枪弹。M14 自动步枪并以其为弹药，北约 7.62×51 毫米标准步枪弹（弹壳比原有步枪弹缩短了 12 毫米）实现了弹药及步枪标准化，也简化了后勤供应。

1963 年美国军方终止采购 M14 自动步枪，1967 年选择了小口径的 M16 突击步枪，M14 自动步枪开始全面撤装，导致历史悠久的国营春田兵工厂关闭。

使用 M14 自动步枪的美国海军士兵

1967 年越战时使用的 M14 自动步枪

▍▍▍▶ 枪体结构

M14 自动步枪的部分零件继承 M1 "加兰德" 步枪，采用气动式原理，枪机采用回转闭锁方式。导气管位于枪管下方，可选择半自动或全自动射击。M14 自动步枪由可拆卸的 20 发弹匣供弹，也可以发射枪榴弹，而且还衍出加装了两脚架 M14A1 班用自动武器及狙击步枪版本。

M14 自动步枪右侧方特写

▍▍▍▶ 作战性能

M14 自动步枪具有精度高和射程远的优点，服役后便在丛林作战中大量使用，由于枪身比较笨重，单兵携带弹药量有限，而且弹药威力过大，全自动射击时散布面太大，难以控制精度，在丛林环境中不如苏联 AK-47 突击步枪（使用中间型威力子弹）。

M14 自动步枪套装

手持 M14 自动步枪的美国海军士兵

趣闻逸事

在电影里《金甲部队》里，M14 自动步枪为剧中美国海军陆战队新兵们训练时使用的枪械，也被伦纳德"歌篾派尔"劳伦斯列兵用于射杀哈特曼士官长并吞枪自尽。

衍生型号

名　　称	说　　明
M14E1	专门为高机动性的伞兵和装甲兵设计，配备折叠枪托，没有正式装备
M15	用于替换勃朗宁自动步枪，配备重枪管、两脚架、支肩托板，可选射击模式。计划取消，没有投产
M14E2	可选射击模式的班用自动武器型，继承 M15 的设计，1963 年投产
M21 SWS	美军在 1966 年将 M14 精确化后的狙击步枪版本
M14 SMUD	装有瞄准镜及国际比赛级枪管，用于引爆地雷或其他类似的炸药
Mk 14 EBR	更短的战术型 M14 步枪，采用 470 毫米短枪管、高效能消焰器、伸缩枪托，设有战术导轨以安装战术配件
M14 DMR	远距离精确射击步枪，采用 M2A 枪托、可变倍率瞄准镜
M39 EMR	2008 年推出的特等射手步枪，装备美国海军陆战队，取代 M14 DMR
M25 SWS	M21 狙击手武器系统的更新改良型
TCI M89SR	以色列国际技术咨询公司推出的 M14 无托结构改进型狙击步枪
M14L1	美国为立宛陆军提供的一种 M14 狙击步枪

使用 M21 SWS 的美国陆军第 82 空降师士兵　　正在使用 M14 EBR 执行狙击任务的美军士兵

主要用户

　　M14 系列步枪的主要使用国包括美国、阿富汗、阿根廷、澳大利亚、哥伦比亚、哥斯达黎加、厄瓜多尔、萨尔瓦多、爱沙尼亚、希腊、洪都拉斯、冰岛、印度尼西亚、以色列、老挝、黎巴嫩、立陶宛、马来西亚、摩洛哥、巴基斯坦、菲律宾、波兰、韩国、泰国、土耳其、委内瑞拉、越南和津巴布韦等。

越南战场上使用 M14 自动步枪的士兵　　　　美军士兵使用的 M14 DMR

实战掠影

　　美国在阿富汗发动"持久自由"行动后，许多库存的 M14 自动步枪重见天日。阿富汗境内多山，视野开阔，因此步兵交战的距离较远。美军在阿富汗的行动主要是由特种部队协助当地反塔利班的北方联盟武装在美军空中力量的支援下进攻，并在关键战场上让空降部队参加战斗。因此在阿富汗的美军都是轻装步兵，缺乏重武器。小口径步枪的有效射程太近，在阿富汗的环

境下往往无法有效地打击中距离上的敌人，而专业狙击步枪 M24 的射速太慢，数量也不多，为班组提供战术支援时力不从心。根据这些经验，美国陆军第 101 空中突击师和第 82 空降师重新起用了一批 M14 自动步枪，配上两脚架和 4 倍的先进战斗光学瞄准镜，射速快、射程远的 M14 自动步枪弥补了小口径突击步枪与专业狙击步枪之间的火力空白。这两个空降师在 2003 年的伊拉克战场上使用了更多的 M14 自动步枪，基本上是每个班配有一支。

海湾战争期间使用 M14 自动步枪的"海豹"突击队员

一名在伊拉克服役的美国陆军士兵与他的 M14 自动步枪

手持 M14 自动步枪的美军士兵

Chapter 07

冲 锋 枪

　　目前冲锋枪作为枪族中的重要成员之一，对于步兵、伞兵、侦察兵、边防部队及警卫部队人员等来说，仍是一种不可缺少的个人自卫和战斗武器。冲锋枪自诞生以来，以其独特的战斗性能在历史上留下了浓墨重彩的一笔，不少经典的冲锋枪至今仍在服役。本章详细介绍了全球冲锋枪建造史上影响力最大的十款型号，并根据其历史影响力、综合性能、威力大小、制造数量等因素进行了客观公正的排名。

 服役时间与生产厂商

TOP10　斯登冲锋枪	
服役时间	1941—1960 年
生产厂商	恩菲尔德镇位于英国伦敦的北郊，英国政府于 1804 年在那里建了一家兵工厂——恩菲尔德兵工厂。最初，恩菲尔德兵工厂只是负责组装布朗 - 贝丝燧发枪，后来逐步发展成设施完善、具有研发能力的轻武器研究与生产厂

TOP9　汤普森冲锋枪	
服役时间	1938—1971 年
生产厂商	柯尔特公司是一家轻武器制造公司，于 1855 年由塞缪尔·柯尔特成立。1864 年，柯尔特公司和临近的一些办公室遭遇火灾，除了组装军用产品外，一直处于停产状态；1867 年，柯尔特公司开始生产加特林机枪。2015 年 6 月 14 日晚，柯尔特公司发布声明，申请破产

TOP8　MP40 冲锋枪	
服役时间	1941—1960 年
生产厂商	埃尔马兵工厂是德国的一家武器制造商

TOP7　斯特林 L2A3 冲锋枪	
服役时间	1945 年至今
生产厂商	斯特林军备公司是英国的一家武器制造商，该公司生产的枪械都被冠以"斯特林"的称号

TOP6　PPSh-41 冲锋枪	
服役时间	1941 年至今
生产厂商	图拉兵工厂是苏联时期著名的军火制造商

TOP5　KEDR 冲锋枪	
服役时间	1994 年至今
生产厂商	伊兹玛什工厂前称伊热夫斯克兵工厂，最初是于 1760 年建立的以生产轻武器和大炮配件为主的铁器厂，1763 年工厂由沙皇俄国政府接管并开始生产武器。进入 20 世纪，十月革命胜利后，作为新诞生的苏联兵工厂生产了几乎所有的轻武器。1991 年，伊热夫斯克兵工厂更名为伊兹玛什工厂

TOP4　伯莱塔 M12 冲锋枪	
服役时间	1959 年至今
生产厂商	意大利伯莱塔公司是全世界最古老的军械企业之一，由同一个家族营运了将近 500 年，使其成为世界上历史最悠久并且仍然在经营的公司。伯莱塔公司于 1526 年创立，因产品广涉各种类型枪械而出名

TOP3　FN P90 冲锋枪	
服役时间	1991 年至今
生产厂商	比利时 FN 公司没有正式中文译名，字面直译为"赫尔斯塔尔国有工厂"，是比利时的一家枪械制作及生产公司，在美国有分部 FNMI（FNH USA），主要研制及开发各类枪械与子弹

TOP2　乌兹冲锋枪	
服役时间	1954 年至今
生产厂商	以色列军事工业又名 IMI，是以色列著名的国防武器制造商，公司雇员有 3200 人，分布在下属 5 个部门，主要为以色列国防军提供小型武器和弹药，也外销至世界上多个国家和地区，主要的客户有美国陆军、海军、空军，也包含其他北约成员国

TOP1　MP5 冲锋枪	
服役时间	1966 年至今
生产厂商	黑克勒 - 科赫是德国的一家枪械制造公司，位于巴登 - 符滕堡邦的内卡河河畔奥伯恩多夫，但在美国也有分部，以诸多类型的手持武器著称

枪体尺寸

斯登冲锋枪

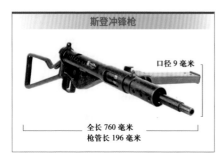

口径 9 毫米

全长 760 毫米
枪管长 196 毫米

汤普森冲锋枪

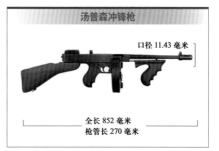

口径 11.43 毫米

全长 852 毫米
枪管长 270 毫米

MP40冲锋枪

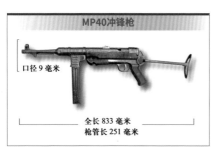

口径 9 毫米

全长 833 毫米
枪管长 251 毫米

斯特林L2A3冲锋枪

口径 9 毫米

全长 686 毫米
枪管长 481 毫米

PPSh-41冲锋枪

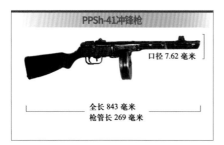

口径 7.62 毫米

全长 843 毫米
枪管长 269 毫米

KEDR冲锋枪

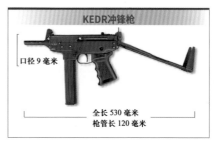

口径 9 毫米

全长 530 毫米
枪管长 120 毫米

伯莱塔M12冲锋枪

口径 9 毫米

全长 660 毫米
枪管长 180 毫米

FN P90冲锋枪

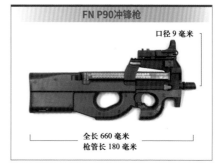

口径 9 毫米

全长 660 毫米
枪管长 180 毫米

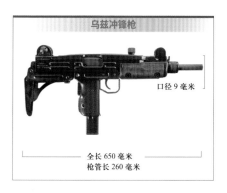

乌兹冲锋枪

口径 9 毫米

全长 650 毫米
枪管长 260 毫米

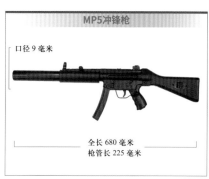

MP5冲锋枪

口径 9 毫米

全长 680 毫米
枪管长 225 毫米

基本性能数据对比

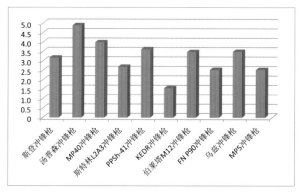

空枪重量对比图（单位：千克）

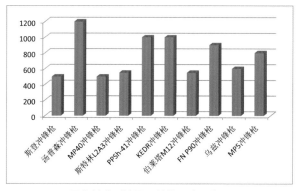

最大射速对比图（单位：发 / 分）

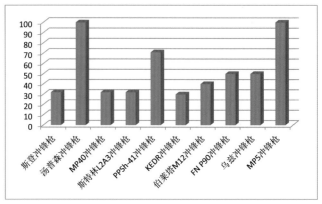

最大弹容量对比图（单位：发）

TOP 10 斯登冲锋枪

斯登冲锋枪是英国在二战时大量制造及装备的 9×19 毫米冲锋枪。

排名依据

斯登冲锋枪是英国在二战期间装备最多的武器。制作简单、成本低廉是斯登冲锋枪最显著的特点。因为斯登冲锋枪普遍采用圆形构件，形似水管，因此也有外号叫"水管工的杰作"。斯登冲锋枪的出现解决了英国的燃眉之急，作为应急武器，斯登冲锋枪是成功的范例。它的好处在于便于生产，其弹匣可以与 MP40 冲锋枪通用，还可以加装消声器。

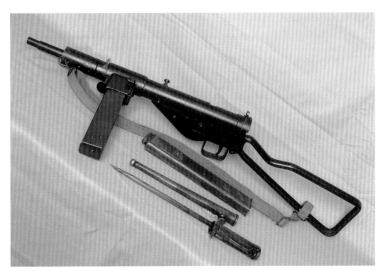

斯登冲锋枪及组件

制造历程

二战初期，英军没有制式冲锋枪，因此只能从美国购买价格昂贵的汤普森冲锋枪，另一方面，英军从德军缴获了大量 9 毫米子弹，鉴于这两个原因，英军打算自己设计一种冲锋枪，要求既轻巧又便宜，且还能使用缴获来的子弹。

斯登冲锋枪前侧方特写

之后，斯登冲锋枪应运而生，虽然该枪成本低，也不存在弹药短缺的问题，但弊端也不少，如射击精度不佳，经常出现走火，以及极易因供弹可靠性差劣而出现严重卡弹等。好在这些问题在后来的改进型中有所缓解。

黑色涂装的斯登冲锋枪

▶ 枪体结构

斯登冲锋枪采用简单的内部设计，横置式弹匣、开放式枪机、后坐作用原理，弹匣装上后可充当前握把。使用9毫米子弹，可以使斯登冲锋枪在室内与堑壕战中发挥持久火力。此外，紧致的外形与轻重量让它具备绝佳的灵活性。

斯登冲锋枪分解图

▶ 作战性能

斯登冲锋枪的后坐力低使它在战场中移动攻击时非常有利。在近战中它是一把优秀的武器，是战争中许多突击队员的首选。另外，在法国抵抗组织及其他地下部队中也十分流行，消声型版本更是成为二战时期英国陆军特勤空勤团用来渗透敌方时所装备的特种武器。

斯登冲锋枪左侧方特写

趣闻逸事

二战初期，许多英国前线士兵替斯登冲锋枪取了很多如"水管工人的杰作"、"伍尔沃思玩具枪"和"臭气枪"等的绰号，如果有得选择，他们宁可使用从敌军夺来的冲锋枪。

斯登冲锋枪枪管及弹匣

汤普森冲锋枪

汤普森冲锋枪是美军在二战中最著名的冲锋枪，由约翰·T. 汤普森在 1910 年末期设计。

排名依据

该枪重量及后坐力较大、瞄准也较难，尽管如此，它仍是最具威力及可靠性的冲锋枪之一。在太平洋战区中，澳大利亚陆军与其他英联邦部队最初在丛林巡逻及埋伏中大量使用汤普森冲锋枪，因为其强大的火力可快速完成战斗。美国海军陆战队将汤普森冲锋枪列为限制供应的武器，尤其是在之后的岛屿攻击。汤普森冲锋枪被发现其效果实在有限，因为在丛林覆盖的地方，低射速的 .45 子弹既不能穿透大多数的小直径树木，也不能打穿防弹衣。尽管汤普森冲锋枪已被作为标准配置的 M3/M3A1 所取代。因为有大量的枪支存放在军队的仓库中，汤普森冲锋枪在 M3/M3A1 标准化后仍然被归类为限制式标准装备或标准装备的替代。

汤普森冲锋枪前侧方特写

制造历程

1916 年，汤普森和汤姆斯·F. 莱恩合伙创办了一家自动军械公司，汤普森冲锋枪是该公司成立后研发的最著名的武器。该枪刚面世时性能并不完善，随后汤普森对其进行了一系列的改良，最终于 1918 年推出了最终版汤普森冲锋枪。正当准备将其运到欧洲战场时，战争已结束。因此汤普森冲锋枪并没有得到真正意义上的运用,虽然可以销往民间,但其昂贵的价格使得购买者为数不多。1938 年,汤普森冲锋枪转而服役于美国军队,参加了二战期间太平洋战区及欧洲战区以后的一些战役。

珍珠港事件后,美国加入了战争。1944 年,诺曼底登陆将汤普森冲锋枪带进了欧洲战场,自此,汤普森冲锋枪和 PPSh-41 冲锋枪在二战欧洲战场上并肩作战。

美军士兵使用汤普森冲锋枪执行作战

汤普森冲锋枪左侧方特写

枪体结构

汤普森冲锋枪使用开放式枪机,即枪机和相关工作部件都被卡在后方。当扣动扳机后枪机被放开前进,将子弹由弹匣推上膛并将子弹发射出去,再将枪机后推,弹出空弹壳,循环操作准备射击下一颗子弹。

该枪采用鼓式弹夹,虽然这种弹夹能够持续射击,但过于笨重,不便携带。该枪射速最高可达1200 发 / 分,此外,接触雨水、灰尘或泥后的表现比同时代其他冲锋枪要优秀。

汤普森冲锋枪分解图

作战性能

与其他 9 毫米冲锋枪相比,.45 口径的汤普森冲锋枪重量及后坐力较大、瞄准也较难,尽管如此,汤普森冲锋枪仍然是最具威力及可靠的冲锋枪之一。

汤普森冲锋枪及弹鼓

趣 闻 逸 事

　　汤普森冲锋枪为了与使用步枪弹药的机枪区别，创造了"submachine gun"术语，在 1919 年的自动军械公司董事会会议上集中讨论了"歼灭者"在战争结束后的营销，最后决定更名为"汤普森冲锋枪"。虽然当时也有其他武器有类似的想法，但汤普森冲锋枪仍是第一款被贴上"冲锋枪"标签的武器。

使用汤普森冲锋枪的士兵

8 TOP　MP40 冲锋枪

　　MP40 冲锋枪常被称为"施迈瑟"冲锋枪，是一款为方便大量生产而设计，与传统枪械制造观念不同的冲锋枪。

排名依据

    MP40 冲锋枪是二战期间德国军队使用最广泛、性能最优良的冲锋枪。手持 MP40 冲锋枪的士兵，后来成为二战中的德国军人的象征。实际上，最早的 MP40 冲锋枪只是由装甲兵和空降部队使用，随着生产量的加大，MP40 冲锋枪已经普遍装备到基层部队。但事实上并非像人们印象中的那样广泛使用。客观地说，MP40 冲锋枪是一款划时代的武器，但并不是完美的武器。

MP40 冲锋枪前侧方特写

⫸ 制造历程

    早在一战时德国就拥有实用性冲锋枪——MP18 冲锋枪，但是该枪的保险机构并不完善，在受到较大震动时容易走火。20 世纪 30 年代，枪械设计师海因里希·沃尔默以 MP18 冲锋枪为基础，对它的保险机构及机匣等部件做了优良改进。1938年，这种改进后的冲锋枪被命名为 MP38。二战开始后，为了能满足德军对冲锋枪的需求，海因里希·沃尔默又对 MP38 冲锋枪做进一步的改进，此次改进主要是简化枪械机构和生产工艺，便于大量生产，这款改进后的冲锋枪被命名为 MP40。

手持 MP40 冲锋枪的德国士兵

MP40 冲锋枪右侧方特写

枪体结构

MP40 冲锋枪发射 9 毫米鲁格弹，以直型弹匣供弹，采用开放式枪机原理、圆管状机匣，移除枪身上传统的木质组件，握把及护木均为塑料。该枪的折叠式枪托使用钢管制成，可以向前折叠到机匣下方，便于携带，枪管底部的钩状座可在由装甲车的射孔向外射击时固定在车体上。

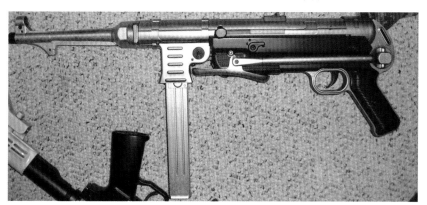

金色涂装的 MP40 冲锋枪

作战性能

MP40 冲锋枪是受德军作战部队欢迎的自动武器，在近身距离作战中可提供密集的火力，不但装备了装甲部队和伞兵部队，在步兵单位的装备比率也在不断增加，也是优先配发给一线作战部队的武器。

MP40 冲锋枪及弹匣

趣闻逸事

　　虽然 MP40 冲锋枪常被英美联军士兵称为"施迈瑟"，其实德国枪械设计师路易斯·施迈瑟并没有参与 MP40 冲锋枪的设计工作，反而他的儿子胡戈·施迈瑟参与了 MP41 冲锋枪的改良工作。

黑色涂装的 MP40 冲锋枪

斯特林 L2A3 冲锋枪

　　斯特林 L2A3 冲锋枪是由英国的斯特林军备公司所开发完成的一种现代冲锋枪。

排名依据

　　斯特林 L2A3 冲锋枪是英国的标准军用冲锋枪。由于性能优异，斯特林冲锋枪一直被多国的军队、保安部队、警队作为制式枪械使用。目前，斯特林 L2A3 冲锋枪大量地被更优秀的冲锋枪（如 MP5 等）取代，只剩下某些担任特种任务的部队继续使用。

斯特林 L2A3 冲锋枪右侧方特写

制造历程

　　1945—1953 年，为替换原有的老式武器，英国举行了装备选型试验，斯特林冲锋枪在试验中以明显优势战胜了其他竞争对手，成为英国的基本防御武器之一，定名为 L2A1 冲锋枪（商业名称是 MK2）。1953 年起，英军开始用 L2A1 冲锋枪替换二战时期的"司登"冲锋枪。1955 年，根据部队使用意见而改进的新型号 L2A2 冲锋枪（商业名称是 MK3）诞生。1956 年，又进一步改进为 L2A3 冲锋枪（商业名称是 MK4）。1956 年，斯特林 L2A3 冲锋枪批量装备英军，斯特林冲锋枪全部被淘汰。1967 年，在标准型斯特林 L2A3 冲锋枪的基础上改进而来的 L34A1 微声冲锋枪替代了二战期间研制的司登 MK2 S 微声冲锋枪，该武器主要装备英国特别空勤团（SAS）等特种部队。

士兵使用斯特林 L2A3 冲锋枪进行劫持人质演习

斯特林 L2A3 冲锋枪

枪体结构

　　斯特林 L2A3 冲锋枪采用大量冲压件，同时广泛采用铆接、焊接工艺，只有少量零件需要机加工，工艺性较好。该枪采用自由枪机式工作原理，开膛待击，前冲击发。使用侧向安装的 34 发双排双进弧形弹匣供弹，可选择单发或连发发射方式，枪托为金属冲压的下折式枪托，有独立的小握把。瞄准装置采用觇孔式照门和 L 形翻转表尺，瞄准基线比较长。

斯特林 L2A3 冲锋枪前方特写

作战性能

斯特林 L2A3 冲锋枪结构简单、加工容易，全枪的体积和质量都减小不少。另一个特点是其弹匣容弹量大，火力持续性好，而且其发射机采用模块化设计，安装和更换都很方便，枪机表面的凸筋对提高动作可靠性有较好的作用，只是加工相对麻烦一些。

斯特林 L2A3 冲锋枪前侧方特写

斯特林 L2A3 冲锋枪左侧方特写

趣闻逸事

电影《星球大战》中，帝国冲锋队所使用的 E-11 爆能步枪就是以斯特林冲锋枪为原型的。电子游戏《虹彩六号：围攻行动》中 L2A3 冲锋枪被第二联合特遣部队使用。

TOP 6 PPSh-41 冲锋枪

PPSh-41 冲锋枪，又称"巴巴莎"和"饱嗝枪"，是苏联在二战期间制造的一款冲锋枪。

排名依据

PPSh-41 冲锋枪是一款使用开放式枪机、反冲作用操作的可选射自动武器。它是苏联在二战期间生产数量最多的武器。在"斯大林格勒战役"中，它起到了非常重要的作用，成为苏军步兵标志性装备之一。尽管苏联于 1951 年已经用 AK-47 突击步枪取代了 PPSh-41 冲锋枪，但之后有很长一段时间在世界各地被各种军队和民兵所使用。

PPSh-41 冲锋枪及弹匣、弹鼓

制造历程

二战爆发后，德国猛烈的攻击迫使苏联将兵工厂转移到交通不便、条件艰苦的偏远地区。新建的兵工厂面临机械设备陈旧，人员劳动力不足等诸多问题。苏军之前装备的 PPD-40 冲锋枪的组成结构复杂，制造工艺烦琐，而且成本较高。此时的苏军面临"非常时期"，无法大量生产 PPD-40 冲锋枪。在此背景下，格奥尔基·谢苗诺维奇·什帕金采用了"非常方法"，他以 PPD-40 冲锋枪为基础，将其结构简化，最终在 1940 年设计出一种新型冲锋枪，命名为 PPSh-41 冲锋枪。

生产一把 PPD-40 冲锋枪需要 13.7 个工时，而生产一把 PPSh-41 冲锋枪仅需 7.3 个工时，因此可以大量生产，并装备于苏军。苏军常常整排地装备此枪，使他们在近距离上取得无法比拟的火力优势。

PPSh-41 冲锋枪前侧方特写

PPSh-41 冲锋枪及弹鼓

枪体结构

PPSh-41 冲锋枪采用自由式枪机，开膛待机，带有可进行连发、单发转化的快慢机，发射 7.62×25 毫米托卡列夫手枪弹（苏联标准手枪和冲锋枪使用的弹药）。该枪能够以约 1000 发 / 分的射速射击，射速相对当时其他大多数军用冲锋枪而言是非常高的。

PPSh-41 冲锋枪有 1 个铰链式机匣，以便不完全分解和清洁武器。枪管和膛室内侧均进行了镀铬防锈处理，这个在当时绝无仅有的设计赋予了 PPSh-41 冲锋枪惊人的耐用性与可靠性，该枪可以承受腐蚀性弹药并可在各种恶劣环境下使用，以及延长其清洁间隔时间。由于较短的自动机行程，加上较好的精度，三发短点射基本能命中同一点。

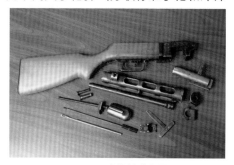

PPSh-41 冲锋枪分解图

装有背带的 PPSh-41 冲锋枪

作战性能

PPSh-41 冲锋枪因其低后坐力、高可靠性和近距离的杀伤力受到苏联士兵的喜爱。它的缺点包括难以重新装填、装填 71 发时弹鼓容易卡壳、坠地时容易意外击发以及过于沉重。

PPSh-41 冲锋枪左侧方特写

趣闻逸事

二战期间，德国军队缴获了大量的 PPSh-41 冲锋枪，并试图将武器口径转换为 9×19 毫米子弹，以使其更符合德国标准。不久，德军士兵得到一套可将 PPSh-41 冲锋枪改造成发射 9 毫米子弹的工具。被改成 9 毫米标准的 PPSh-41 冲锋枪甚至获得了一个德意志国防军的编号，即 MP41。

PPSh-41 冲锋枪右侧方特写

KEDR 冲锋枪

　　KEDR 冲锋枪是一款俄罗斯研发的冲锋枪，它的原型最早于 20 世纪 70 年代推出，但却在 20 世纪 90 年代才正式服役。

排名依据
KEDR 冲锋枪是典型的自由式枪机的冲锋枪。它的结构非常紧凑，重量比捷克的"蝎"式冲锋枪还要轻。它以反冲作用及闭锁式枪机运作，比起使用开放式枪机的枪械有着更高的精度。KEDR 冲锋枪的全长只有 303 毫米，展开枪托时也只有 540 毫米长。它的枪管长度是 120 毫米。枪膛内有 4 条缠距为 240 毫米的右旋膛线。当安装消声器时，KEDR 冲锋枪需要更换上一种外表有螺纹的短枪管，安装消声器后全枪长度增加了 137 毫米。与许多现代冲锋枪一样，KEDR 冲锋枪也能够装上激光瞄准器和抑制器。

KEDR 冲锋枪左侧方特写

20 世纪 90 年代初期，伊热夫斯克兵工厂的设计师对 PP-71 冲锋枪（由叶夫根尼·德拉贡诺夫于 20 世纪 70 年代初期设计）进行了一些改进，生产出 KEDR 小型冲锋枪（发射 PM 手枪弹），并装备到俄罗斯多个执法机构的机动部队。

1994 年，已更名为伊兹玛什工厂的伊热夫斯克兵工厂又以 KEDR 为基础进行了强化，以发射冲量大的新型弹药（PMM 手枪弹），并命名为 KLIN 冲锋枪。KLIN 冲锋枪被多个俄罗斯警察和安全部队装备，后又研制了缩短全长的 KLIN-2 型。

KEDR 冲锋枪前侧方特写

黑色涂装的 KEDR 冲锋枪

枪体结构

KEDR 冲锋枪的供弹具为 20 发或 30 发容量的双排弹匣，枪上的可折式枪托可减轻后坐力。KEDR 冲锋枪全枪均由冲压钢板制作而成，其快慢机位于机匣右边，并能够迅速切换到半自动和全自动两种射击模式，在全自动模式时此枪会以约 800 发 / 分的理论射速进行射击。

作战性能

　　KEDR 冲锋枪的射速为 800 发/分，在持续射击时很容易控制，因此很适合在逐屋清除的 CQB 行动中使用。

趣闻逸事

　　动画片《流星之双子》里，KEDR 冲锋枪被在符拉迪沃斯托克执行任务的俄罗斯联邦安全局特种部队和警察使用，其中一支被主角"黑"缴获。

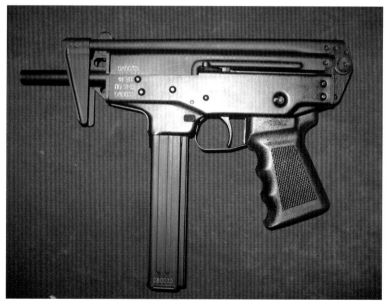

KEDR 冲锋枪右侧方特写

伯莱塔 M12 冲锋枪

伯莱塔 M12 冲锋枪是意大利伯莱塔公司在 1958 年制造的发射 9×19 毫米子弹的冲锋枪。

排名依据

伯莱塔 M12 冲锋枪结构紧凑、操作简单、性能可靠，但不知道是因为外形老土还是市场宣传不力，同为第 3 代冲锋枪之中的优秀之作的名字被湮没在 MP5 冲锋枪和 UZI 冲锋枪的名气之中，远不如后两者那么名声显赫。虽然伯莱塔 M12 冲锋枪本身并没有独创的革命性设计，但出众的性能、低廉的价格与可靠的操作，在世界军火市场中仍占有一席之地，使用过此枪的人都赞扬它容易控制、自然指向性好，而且结构紧凑、维护简单。

M12 冲锋枪左侧方特写

⫿⫿⫿⫿▷ 制造历程

　　伯莱塔 M12 冲锋枪自 1961 年开始成为意大利陆军的制式冲锋枪，也是部分非洲及南美国家的制式武器，巴西及印尼获授权特许生产。M12 冲锋枪的改进型伯莱塔 M12S 在 1978 年推出，M12S 与 M12 的口径相同，但改用 32 发弹匣。

手持 M12 冲锋枪的士兵

警方人员用 M12 冲锋枪进行射击

⫿⫿⫿⫿▷ 枪体结构

　　伯莱塔 M12 冲锋枪采用气体反冲式设计，空枪重量为 3.48 千克（装弹后约 3.82 千克），展开枪托后长度为 660 毫米，折起枪托后只有 418 毫米。该枪采用环包枪膛式设计，枪管内外经镀铬处理，长 200 毫米，其中 150 毫米是由枪机包覆，这种设计有助于缩短整体长度。M12 可全自动和单发射击，开放式枪机射速为 550 发 / 分，初速为 380 米 / 秒，有效射程为 200 米，后照门可设定瞄准距离为 100 米或 200 米。拥有 20 发、32 发、40 发 3 种容量的弹匣。

M12 冲锋枪局部特写

⫿⫿⫿⫿▷ 作战性能

　　M12 冲锋枪拥有手动扳机阻止装置、能自动令枪机停止在闭锁安全位置的按钮式枪机释放装置，以及必须在主握把下以中指完全按实的手动安全装置。

意大利陆军是 M12 冲锋枪的主要用户

趣闻逸事

电子游戏《虹彩六号：围攻行动》里型号为 M12S，被特别警察行动营使用。

装备 M12 冲锋枪的意大利陆军士兵

FN P90 冲锋枪

　　FN P90 冲锋枪是 1990 年由比利时 FN 公司所推出的属于个人防卫武器类别的一款枪械。

排名依据

　　FN P90 冲锋枪是世界上第一款使用全新弹药的个人防卫武器。虽然推出时并无其他枪械能达到个人防卫武器的要求，但由于冷战结束，各国对个人防卫武器的需求突然消失，原先预期的大量军用订单落空，而在其他市场的推广上也有着使用不普及子弹而造成的困难。尽管如此，目前FN P90 冲锋枪仍被许多国家的特种部队所采用。

装有消声器的 FN P90 冲锋枪

制造历程

　　二战后，FN 公司意识到当时现成的子弹，包括手枪、步枪子弹不能满足个人防卫武器的要求，于是在 1986 年开始研发全新的 SS90 子弹及新款枪械 FN P90 冲锋枪，原型枪于同年 10 月试射，曾被使用于 1991 年海湾战争，至 1993 年共试产了 3000 支。

　　SS90 子弹原是塑料弹头，之后的 SS190 子弹采用较重的铝或钢质弹头，并改短弹头 2.7 毫米以配合 FN 公司研发的新手枪 FN57，使用 SS190 子弹的

FN P90 冲锋枪弹匣也在 1993 年推出。

美国休斯敦警方在 1999 年使用 FN P90 冲锋枪，是美国第一个使用 FN P90 冲锋枪的警务单位，并于 2003 年在实战中使用射击，也是该国第一次 FN P90 冲锋枪的实战纪录，而得州的 Addison 警队则是美国第一个把 FN P90 冲锋枪摆放于巡逻车的警务单位。至 2009 年，全美有超过 200 个的执法单位使用 FN P90 冲锋枪，包括美国特勤局及联邦保护局。因为有不少单位采用，美国步枪协会把 FN P90 冲锋枪及 PS90 冲锋枪列入该会的 Tactical Police Competition standards。在 2009 年，全世界有 40 个国家和地区的军方或警务单位使用 FN P90 冲锋枪。

黑色涂装的 FN P90 冲锋枪

FN P90 冲锋枪前侧方特写

枪体结构

FN P90 冲锋枪采用顶置弹匣、无托设计，虽然枪身很短，但枪管仍有 263 毫米长，让子弹有相当高的弹速。该枪所使用的 5.7×28 毫米子弹能把后坐力降至低于手枪的水平，同时穿透力却能有效击穿手枪或冲锋枪不能击穿的防弹背心等个人防护装备。

参展的 FN P90 冲锋枪

作战性能

FN P90 冲锋枪有高命中率、高制止力、低穿透性、小巧便携、易于保养、结构简单、后坐力低及高容量弹匣的优点，但其缺点也不少，如 FN P90 冲锋枪的子弹的威力比 9 毫米鲁格弹小，且该枪单价高昂。

FN P90 冲锋枪前侧方特写

P90 冲锋枪右侧方特写

电影《敢死队》中，型号为 P90 TR 的冲锋枪被"阴阳"使用。2014 年上映的电影《敢死队 3》中，FN P90 冲锋枪为标准型，被露娜和约翰·史麦利使用。

乌兹冲锋枪

乌兹冲锋枪是以色列军事工业（IMI）的一种轻型冲锋枪。

排名依据

乌兹冲锋枪被全世界广泛使用，轻便、操作简易及低成本令乌兹冲锋枪成为一款十分有效的近战武器，尤其是用于清除室内、碉堡及战壕里的有生目标，也是常见的在机械化部队的自卫武器。以色列的常规部队已将乌兹冲锋枪除役，但特种部队仍然在执行任务时采用其作为近战武器之一，而以色列军事工业仍有生产部件出口。除标准型乌兹冲锋枪外，乌兹冲锋枪也有多种不同长度及半自动的衍生型，这些衍生型现在仍是多个特种部队及执法部门的常用武器之一。

迷你乌兹冲锋枪

制造历程

乌兹冲锋枪由以色列国防军上尉乌兹·盖尔于 1948 年设计，1951 年生产，1956 年开始量产。当时的乌兹冲锋枪是军官、车组成员及炮兵部队的自卫武器，也是精英部队的前线武器。六日战争时的以色列士兵认为乌兹冲锋枪的紧凑外形及火力十分适合战场，因此对该枪爱不释手。

乌兹冲锋枪前侧方特写

木质枪托的标准型乌兹冲锋枪

枪体结构

乌兹冲锋枪采用来自捷克 CZ 23 ～ CZ 26 冲锋枪的开放式枪机、后坐作用设计，而 CZ 冲锋枪系列是第一款采用包络式枪机设计的冲锋枪，这种设计把弹匣位置改在握把内，部分枪管被机匣覆盖，令总长度大幅减短，重量分布更加平衡。

机匣采用低成本的金属冲压方式生产，以降低生产成本及减少所需的金属原料，也缩短了生产的时间，而且更容易进行维护及维修，但对沙尘的相容性较低，当击锤释放时，退壳口会同时关上以防止沙尘进入机匣造成故障。

乌兹冲锋枪套装

作战性能

乌兹冲锋枪最突出的设计特点是握把内藏弹匣，这与手枪类似，能使射手在与敌人近战交火时迅速更换弹匣（即使是黑暗环境），保持持续火力。不过，这种设计也影响了全枪的高度，导致卧姿射击时所需的空间更大。此外，在沙漠或风沙较大的地区作战时，射手必须经常分解清理，以避免射击时出现卡弹等情况。

特种兵手持乌兹冲锋枪进行人质救援训练

趣 闻 逸 事

在电视节目、电影和电子游戏中,乌兹冲锋枪出现的比率相当高,特别是双手各自持枪扫射不同目标的画面。电影《这个杀手不太冷》里,型号分别为微型乌兹和迷你乌兹,微型乌兹冲锋枪被毒贩头子及其手下使用;迷你乌兹冲锋枪被毒贩头子双持使用,也被纽约市警察局特种武器和战术部队使用。

乌兹冲锋枪左侧方特写

MP5 冲锋枪

HK MP5 是由德国 HK 公司所设计及制造的冲锋枪，是 HK 公司最著名及制造量最多的枪械产品。

排名依据

由于 MP5 冲锋枪获多国的军队、保安部队、警队选择作为制式枪械使用，因此具有极高的知名度。由于高质量设计及高可靠性，MP5 冲锋枪在推出后便成为多国军队、警队及保安部队的制式冲锋枪，而 HK 公司也不断改良及开发，共 120 多种版本。MP5 冲锋枪的单价比 MPK、MPL 冲锋枪高，未能在德国警察中推广使用。但在一些实际行动中，MP5 冲锋枪得到了很高的评价。

MP5 冲锋枪前侧方特写

◇ 制造历程

MP5 冲锋枪的原设计来自于在 1964 年 HK 公司以 HK G3 步枪的设计缩小而成的 HK54 冲锋枪项目。

　　HK54 冲锋枪中的 "5" 为 HK 公司的第五代冲锋枪，"4" 为使用 9×19 毫米毛子弹，西德政府采用后正式命名为 MP5，瑞士同年成为第一个除德国以外使用 MP5 冲锋枪的国家。在 1990 年后期，更推出了为特定用户开发的 10 毫米 Auto 及 .40 S&W 版本（MP5/10 及 MP5/40），在 1970—2000 年，MP5 系列更一直保持其用户数量及冲锋枪的领导地位。

　　MP5 冲锋枪现今在土耳其、希腊、巴基斯坦、缅甸、伊朗等部分国家的一些小厂都获授权生产或私自仿制及使用，有些国家更是为其产品重新命名（但枪支本身没有改变）。

海军特种部队使用 MP5A3 冲锋枪

枪体结构

MP5 冲锋枪采用了与 G3 自动步枪一样的半自由枪机和滚柱闭锁方式，当武器处于待击状态在机体复进到位前，闭锁楔铁的闭锁斜面将两个滚柱向外挤开，使之卡入枪管节套的闭锁槽内，枪机便闭锁住弹膛。射击后，在火药气体作用下，弹壳推动机头后退。一旦滚柱完全脱离卡槽，枪机的两部分就一起后坐，直到撞击抛壳挺时才将弹壳从枪右侧的抛壳窗抛出。

装有消声器的 MP5 冲锋枪

作战性能

虽然有高命中率、可靠、后坐力低及威力适中的优点，但 MP5 冲锋枪的结构复杂，容易出故障，单价高且空枪比新一代的冲锋枪重。其使用的手枪子弹虽然可以在发生的混战或匪徒胁持人质的场面中防止误杀队友或人质，但无法有效射穿防弹衣，而且射程不远，难以应付远距离穿防弹衣的敌人。

MP5 冲锋枪右侧方特写

趣闻逸事

　　在第一人称射击游戏中，自 MP5 冲锋枪于维尔福软件公司推出的《半条命》游戏出现以后，不少射击游戏都出现其身影。MP5 冲锋枪也出现在许多电影、电视剧、电子游戏和动画中，并常常作为登场的特种部队队员持有的武器，不过有时也会落入平民及恐怖分子手上。

MP5 冲锋枪后侧方特写

衍生型号

名　　　称	说　　　明
MP5A1	可安装附件的枪口；海军版扳机，使用直型弹匣
MP5A2	固定枪托，海军版扳机
MP5A3	伸缩枪托，海军版扳机，最广泛使用的 MP5 型号
MP5A4	固定枪托，A2 的可三连发扳机版本
MP5A5	伸缩枪托，A3 的可三连发扳机版本
MP5SFA2	改用 0-1 扳机组的 MP5A2

（续表）

名　称	说　明
MP5SFA3	改用 0-1 扳机组的 MP5A3
MP5N	专为美国海军制造，装有海军版专用"SEF"扳机、前护木有金属防滑纹
MP5F	专为法国军队及警队制造，在枪托底板装有软塑料护板、前护木上有防滑纹
MP5J	专为日本警队制造，使用 0-1-3-D 扳机组
MP5/10	专为美国联邦调查局制造的型号
MP5/40	专为美国联邦调查局制造的型号，发射 .40 S&W
MP5 RAS	装上导轨系统的 MP5
MP5K	超短型 MP5，装有前握把，全长只有 325 毫米
MP5KA1	装有简易片形照门的 MP5K
MP5KA4	P5K 的可三连发版本
MP5KA5	MP5KA1 的可三连发版本
MP5K-N	专为美国海军制造的型号
MP5K-PDW	MP5K 的个人防卫武器版本，加装折叠枪托，1991 年首次推出
MP5SD1	装有整体枪管微声器、海军版扳机
MP5SD2	装有整体枪管微声器、固定枪托、海军版扳机
MP5SD3	装有整体枪管微声器、伸缩枪托、海军版扳机
MP5SD4	MP5SD1 的可三连发扳机版本
MP5SD5	MP5SD2 的可三连发扳机版本
MP5SD6	MP5SD3 的可三连发扳机版本
MP5SD-N	MP5SD 的海军版本，装有不锈钢整体枪管微声器、伸缩枪托

▌▌▌▷ 主要用户

国　家	单　位
美国	美国军队、特种作战司令部、联邦调查局、特勤局、缉毒局、边境巡逻队等
英国	英国特种部队、武装警察、北爱尔兰警察局
土耳其	土耳其军队、安全总局

(续表)

国　家	单　　位
泰国	泰国警察、泰国海军水下爆破突击单位
瑞士	瑞士陆军第 10 侦察分队、瑞士空军第 17 伞降侦察连
瑞典	瑞典国防军特种部队、瑞典警察
西班牙	西班牙陆军、西班牙海军、西班牙国家警察特别行动组
俄罗斯	俄罗斯联邦安全局"阿尔法"特种部队、俄罗斯军队特种部队
菲律宾	菲律宾军队、菲律宾国家警察
新西兰	新西兰陆军特种空勤团、新西兰警察特别战术组
荷兰	荷兰军队、荷兰国家警察
摩洛哥	摩洛哥陆军、摩洛哥海军、摩洛哥皇家宪兵
马来西亚	马来西亚军队、马来西亚警察、马来西亚监狱署、马来西亚皇家海关
日本	日本陆上自卫队特殊作战群、日本海上自卫队特别警备队、日本警察厅皇宫警察本部

MP5K 冲锋枪及其包装箱

手持 MP5 冲锋枪的美国海军
"海豹"突击队员

实战掠影

　　1977 年 10 月 17 日，德国联邦警察第九国境守备队（GSG-9）在摩加迪加机场的反劫机行动中使用了 MP5 冲锋枪，4 名恐怖分子均被 MP5 冲锋枪击中，3 人当即死亡，1 人重伤，人质获救，MP5 冲锋枪在近距离内的命中精度得到证明。此后，德国各州警察相继装备了 MP5 冲锋枪，而国外的警察、军队特别是特种部队都注意到 MP5 冲锋枪的高命中精度，于是出口逐渐增加。

美军测试 MP5 冲锋枪和 AKM 突击步枪

手持 MP5 冲锋枪的意大利陆军特种兵

美国海军陆战队人特种兵试射 MP5 冲锋枪

Chapter 08

霰 弹 枪

霰弹枪作为军用武器已有相当长的历史，二战后各国警队需要可压制武力的武器，于是霰弹枪便成为各国警察的制式装备之一。本章详细介绍了霰弹枪自诞生以来影响力最大的十款型号，并根据其研发历史、作战性能、威力大小、制造数量等因素进行了客观公正的排名。

整体展示

 服役时间与生产厂商

TOP10　AA-12 霰弹枪	
服役时间	1988 年至今
生产厂商	宪兵系统公司（MPS）的创建人杰里·巴伯儿是一位擅长高精密铸钢的工程师，他还有一位机械工程师合伙人博杰·科尼尔。他们经常为许多轻武器公司铸造精密部件，不过长期承担外包业务的巴伯儿也想开发自己的枪支产品。于是在 1987 年买下了一直不得志的麦斯威尔·艾奇逊的 AA-12 自动霰弹枪的专利权及全部图纸

TOP9　伊萨卡 37 霰弹枪	
服役时间	1937 年至今
生产厂商	坐落在纽约州汤普金斯县首府伊萨卡市的伊萨卡枪械公司是一家成立于 1880 年的老牌民用枪械公司，主要生产霰弹枪和各种民用步枪，其最著名的产品是供美军军用的伊萨卡 M37 霰弹枪

TOP8　雷明顿 1100 霰弹枪	
服役时间	1963 年至今
生产厂商	雷明顿武器公司于 1816 年由伊莱佛利－雷明顿二世于美国纽约州伊利恩城创立，为美国一家历史悠久的军事工业公司，且是美国国内唯一同时生产枪械以及弹药的武器公司，到目前为止开发了大量枪械及弹药产品

TOP7　伯奈利 Nova 霰弹枪	
服役时间	开始时间（不详）至今
生产厂商	伯奈利是意大利枪支生产商，成立于 1967 年，总部位于意大利乌尔比诺

TOP6　温彻斯特 M1912 霰弹枪	
服役时间	1912—1963 年
生产厂商	温彻斯特连发武器公司是美国的一家军工企业，创立于 1866 年，总部位于康涅狄格州纽哈芬市。多年来，该公司为美国军队提供了上百万支轻武器，对美国国家安全，甚至是美国文化形成都起了关键作用

TOP5　M26 模组式霰弹枪	
服役时间	2003 年至今
生产厂商	美国陆军士兵战斗研究室是由美国陆军组织的武器研究中心

TOP4　温彻斯特 M1897 霰弹枪	
服役时间	1897—1957 年
生产厂商	温彻斯特连发武器公司是美国的一家军工企业，创立于 1866 年，总部位于康涅狄格州纽哈芬市。多年来，该公司为美国军队提供了上百万支轻武器，对美国国家安全，甚至是美国文化形成都起了关键作用

TOP3　伯奈利 M4 Super 90 霰弹枪	
服役时间	1999 年至今
生产厂商	伯奈利是意大利枪支生产商，成立于 1967 年，总部位于意大利乌尔比诺

TOP2　莫斯伯格 500 霰弹枪	
服役时间	1961 年至今
生产厂商	莫斯伯格父子公司是美国霰弹枪制造商，该公司较出名的是莫斯伯格 500 霰弹枪

TOP1　雷明顿 870 霰弹枪	
服役时间	1951 年至今
生产厂商	雷明顿武器公司于 1816 年由伊莱佛利 - 雷明顿二世于美国纽约州伊利恩城创立，为美国一家历史悠久的军事工业公司，且是美国国内唯一同时生产枪械以及弹药的武器公司，到目前为止开发了大量枪械及弹药产品。

枪体尺寸

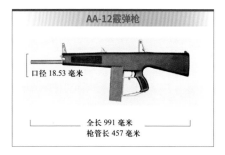

AA-12霰弹枪

口径 18.53 毫米

全长 991 毫米
枪管长 457 毫米

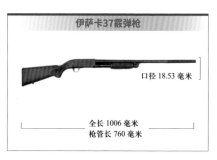

伊萨卡37霰弹枪

口径 18.53 毫米

全长 1006 毫米
枪管长 760 毫米

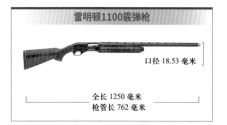

雷明顿1100霰弹枪

口径 18.53 毫米

全长 1250 毫米
枪管长 762 毫米

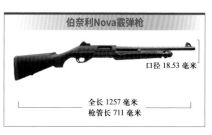

伯奈利Nova霰弹枪

口径 18.53 毫米

全长 1257 毫米
枪管长 711 毫米

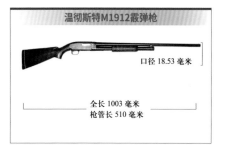

温彻斯特M1912霰弹枪

口径 18.53 毫米

全长 1003 毫米
枪管长 510 毫米

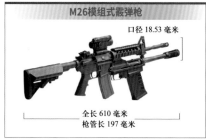

M26模组式霰弹枪

口径 18.53 毫米

全长 610 毫米
枪管长 197 毫米

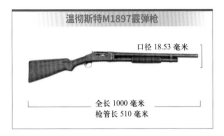

温彻斯特M1897霰弹枪

口径 18.53 毫米

全长 1000 毫米
枪管长 510 毫米

伯奈利M4 Super 90霰弹枪

口径 18.53 毫米

全长 885 毫米
枪管长 470 毫米

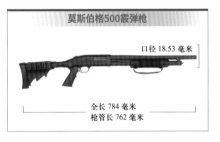

莫斯伯格500霰弹枪

口径 18.53 毫米

全长 784 毫米
枪管长 762 毫米

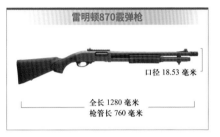

雷明顿870霰弹枪

口径 18.53 毫米

全长 1280 毫米
枪管长 760 毫米

基本性能数据对比

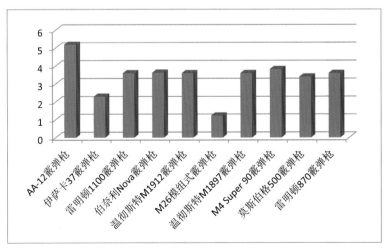

空枪重量对比图（单位：千克）

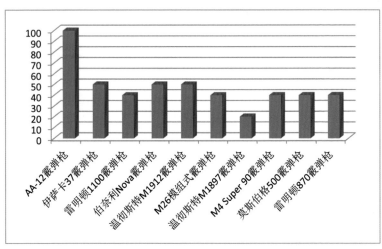

有效射程对比图（单位：米）

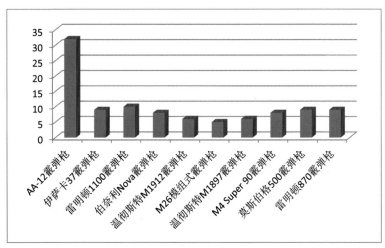

弹容量对比图（单位：发）

AA-12 霰弹枪

　　AA-12 是由美国枪械设计师麦斯威尔·艾奇逊于 1972 年开发的全自动战斗霰弹枪，发射 12 号口径霰弹。

排名依据

　　AA-12 霰弹枪能够以每分钟 300 发的射速作全自动射击。该枪使用 8 发可拆卸式弹匣或 20 发、32 发可拆卸式弹鼓作为供弹具。可以使用不同种类的 12 号口径霰弹马格努姆弹药，如鹿弹、重弹头，以至非致命性橡胶击昏警棍弹。与许多 12 号口径霰弹枪一样，它也可以发射照明弹、信号弹，以及特殊的 FRAG-12 高爆弹药系列。2004 年，宪兵系统公司生产了 10 支可供发射的 AA-12 霰弹枪的样枪，并且交由美国海军陆战队进行试验。

AA-12 霰弹枪左侧方特写

制造历程

　　1972 年，美国枪械设计师麦斯威尔·艾奇逊研制了一款 12 号口径的全自动霰弹枪。当时他是根据战场经验，认为诸如在东南亚所常见的丛林环境中，渗透巡逻队的尖兵急需一种近程自卫武器，其火力和停止作用应比普通步枪大得多，又要瞄准迅速。

　　1987 年，艾奇逊将专利权及全部图纸出售给宪兵系统公司（MPS）。其后，MPS 公司用了超过 18 年的时间重新设计及开发，期间原有的蓝图上有 188 个零部件需要修改和改进，最后研制完成并且改称为自动突击AA-12 霰弹枪。

美军士兵试射 AA-12 霰弹枪　　　　　　AA-12 霰弹枪模型图

▌▌▌▶ 枪体结构

　　AA-12 霰弹枪的准星和照门各安装在 1 个钢质的三角柱上，结构简单。准星可旋转调整高低，而照门通过 1 个转鼓调整风偏。设计中采用两种形式的鬼环瞄准具，其中一种外形是"8"字形的双孔照门，另一种是普通的单孔照门。目前的 AA-12 样枪上没有导轨系统，MPS 公司打算会增加导轨接口以方便安装各种战术附件，如各种近战瞄准镜、激光指示器或战术灯等。

AA-12 霰弹枪及子弹、弹匣　　　　　　迷彩图案的 AA-12 霰弹枪

▌▌▌▶ 作战性能

　　AA-12 霰弹枪采用开放式枪机，用一种常见于冲锋枪及重型和班用等级机枪的枪械运作模式进行射击。由于它大量使用不锈钢制造和设计了内

部的防止积灰间隙，宪兵系统公司曾宣称该枪无须清洗或润滑。不过设计者也指出，在发射 1 万发后才需要清洗。

> **趣闻逸事**
>
> 电影《敢死队 2》中 AA-12 霰弹枪有 20 发可拆卸式弹鼓供弹，枪管上加装战术灯，被恺撒（泰瑞·克鲁斯饰演）和战壕（阿诺德·施瓦辛格饰演）所使用。

AA-12 霰弹枪 3D 模型图

 # 伊萨卡 37 霰弹枪

伊萨卡 37 是由位于美国纽约州伊萨卡市的伊萨卡枪械公司大量向民用、军用及警用市场销售的泵动式霰弹枪。

排名依据

在许多不同的型号中，伊萨卡 37 霰弹枪具有最长的泵动式霰弹枪的生产运行历史，超越最初伊萨卡研制泵动式霰弹枪的灵感的温彻斯特 M12 霰弹枪。伊萨卡在其历史上遭受过许多挫折，也转手过无数次。在同一时间，伊萨卡 37 霰弹枪曾更名为伊萨卡 87，虽然很快就在许多所有权的变化以后再被改回。在 2005 年伊萨卡霰弹枪再次转手期间暂停生产。后在俄亥俄州恢复生产。

伊萨卡 37 霰弹枪及霰弹

制造历程

1930 年，伊萨卡公司启动进入泵动枪市场的计划，并对温彻斯特 12 型和雷明顿 17 型进行专利调查，最终选中了 20 号口径的雷明顿 17 型为未来的伊萨卡公司产品，因为该枪所使用的著名枪械设计师约翰·勃朗宁的专利将在 1932 年 6 月 15 日到期。由于雷明顿 17 型是 20 号口径的，而伊萨卡公司则打算生产一种 12 号口径的霰弹枪以便与温彻斯特 12 型竞争，因此有些部件被放大设计。新枪被命名为伊萨卡 33 型，并在 1933 年投放市场。由于重量轻、精度高、性能可靠，伊萨卡 37 霰弹枪曾经是体育用品和个人自卫用武器的热门选择，一度是泵动霰弹枪的行业领头羊。

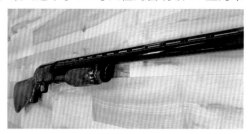

伊萨卡 37 霰弹枪前侧方特写

装上手枪握把的伊萨卡 37 防暴型

枪体结构

伊萨卡 37 霰弹枪在结构上是一种传统的泵动霰弹枪，管状弹仓位于枪管下方，弹仓容量根据不同型号有 4 ～ 8 发。该枪采用起落式闭锁块闭锁，闭锁块位于枪机尾部，闭锁时向上进入机匣顶部的闭锁槽内。除了个别型号外，大多数伊萨卡 37 霰弹枪都配备简单的珠形准星和木质枪托及泵动手柄。手动保险为横闩式按钮，位于扳机后方，保险贯穿枪机，起作用时不仅卡住扳机，也卡住枪机不能运作。

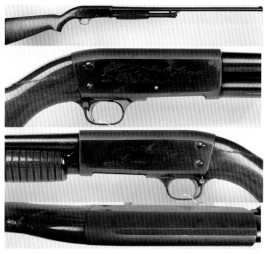

伊萨卡 37 霰弹枪局部特写

作战性能

伊萨卡 37 霰弹枪的最大特点就是采用勃朗宁设计的底部抛壳系统，无论是装填弹药还是抛出弹壳都通过机匣底部的同一个开口。由于弹壳不是从侧面抛出，加上手动保险左右手都可操作，因此该枪受一些左撇子射手的喜爱。

伊萨卡 37 霰弹枪右侧方特写

趣闻逸事

伊萨卡37霰弹枪有着不胜枚举的衍生版本。监视型伊萨卡37就是330.2毫米枪管和手枪握把式枪托的缩短版本，其是美国1984年播映的犯罪、动作电视剧《迈阿密风云》中由菲利普·迈克尔·托马斯饰演的角色里卡多·塔布斯的著名招牌武器，并在第一人称射击游戏《使命召唤：黑色行动》和《战地：硬仗》中作为其中一支霰弹枪。

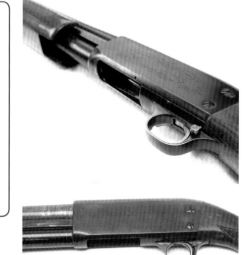

伊萨卡37霰弹枪扳机特写

 雷明顿 1100 霰弹枪

雷明顿1100是美国雷明顿公司研制的半自动气动式霰弹枪。

排名依据

雷明顿1100霰弹枪被认为是第一款在后坐力、重量和性能上获得满意改进的半自动霰弹枪，在运动射击中比较常见。由于其优异的设计和性能，该枪还保持着连续射击24000发而不出现故障的惊人纪录。直到今天，很多20世纪六七十年代生产的产品仍能可靠地使用。

雷明顿 1100 霰弹枪不同长度的枪管

雷明顿 1100 霰弹枪局部特写

制造历程

雷明顿 1100 霰弹枪在 1963 年设计完成,至 2006 年仍在生产,是美国历史上销售量最高的自动装填霰弹枪,总销售量超过 400 万支。雷明顿 1100 霰弹枪专门设计了一种弹壳收集装置,可以避免在射击比赛中抛出的弹壳伤及一旁的运动员。此外在北美的执法机构中也有装备使用。目前已知装备有雷明顿 1100 霰弹枪的还有巴西里约热内卢警局、墨西哥海军陆战队及马来西亚特种部队等。

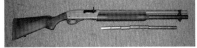

雷明顿 1100 霰弹枪及霰弹

枪体结构

所有型号的雷明顿 1100 均采用气动系统及机械装置以减小后坐力,它拥有 12 号、16 号、20 号等多种口径。基础型号弹仓装弹为 5 发,但执法机构的特制型号为 10 发。

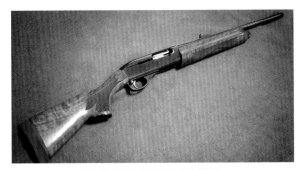

雷明顿 1100 霰弹枪后侧方特写

作战性能

雷明顿 1100 霰弹枪在 1963 年推出后,立即成为飞靶射手指定的霰弹枪,因为它的气动系统有效减小了后坐力,甚至女性射手也可轻易使用。

雷明顿 1100 霰弹枪左侧方特写

趣闻逸事

雷明顿 1100 霰弹枪是著名的飞靶比赛专用枪,更可装上弹壳收集箱,以防弹壳击中其他射手。

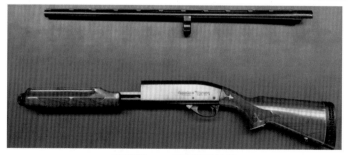

雷明顿 1100 霰弹枪及枪管

伯奈利 Nova 霰弹枪

Nova 霰弹枪是伯奈利公司第一款开发的泵动霰弹枪。

排名依据

伯奈利 Nova 霰弹枪的显著特点是把单件式机匣和由复合材料制造、可令后坐力大幅减少的枪托、护木设计成极具科幻风格的新世代流线造型，把构成枪械的零件减至最少，以及使用钢增强聚合物。

Nova 霰弹枪后侧方特写

制造历程

伯奈利 Nova 霰弹枪是一款由意大利伯奈利公司在 1990 年后期设计和生产的现代化标准型泵动式霰弹枪，适合猎人、执法机关和军队三方使用，可以发射任何 12 号口径霰弹或 20 号口径霰弹。伯奈利 Nova 霰弹枪原本是作为民用猎枪开发的，但很快就推出了面向执法机构和军队的战术型。

警员正在使用 Nova 霰弹枪进行射击训练

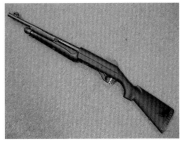

黑色涂装的 Nova 霰弹枪

枪体结构

Nova 霰弹枪采用独特的钢增强塑料机匣，机匣和枪托是整体式的单块塑料件，机匣部位内置有钢增强板。枪托内装有高效的后坐缓冲器，因此发射大威力的马格努姆弹时后坐力也较小。托底板有橡胶后坐缓冲垫，也有助于控制后坐感。

Nova 霰弹枪滑动前托由塑料制成，操作动作舒适和畅顺。它仍然采用回转式枪机，有 2 个闭锁凸榫在枪管节套内闭锁。战术型的管状弹仓可装 6 发弹药，如果使用较短的霰弹，则能带更多的弹药。

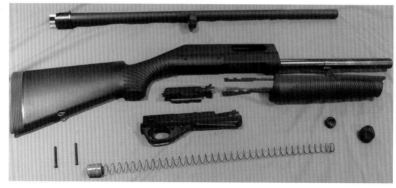

Nova 霰弹枪分解图

▌▌▌▶★ 作战性能

Nova 战术型可选用缺口式瞄准具或鬼环式瞄准具，并可在机匣顶端安装可选择的附件导轨，这种导轨便于安装各种不同的瞄准镜，如红点镜或夜视镜。

超级新星（Super Nova）

在电影《速度与激情6》里，Nova 霰弹枪被主角专业罪犯、赛车手和逃亡者多米尼克·托雷托（简称：唐老大，冯·迪索饰演）使用。

迷彩图案的 Nova 霰弹枪

温彻斯特 M1912 霰弹枪

温彻斯特 M1912 是由美国温彻斯特连发武器公司生产的泵动式、内置式击锤设计及外部管式弹仓供弹的霰弹枪。

排名依据
温彻斯特 M1912 霰弹枪是有史以来第一款真正成功地大量生产的内置式击锤泵动式霰弹枪。该枪在推出不久，便成为美国军队的制式武器。美国军队曾经在两次世界大战、朝鲜战争和越南战争的初期使用过的各种版本的 M1912 霰弹枪，直到 M1912 霰弹枪在 1963 年从原厂停止生产以后一直使用到最初的存货全部耗尽。各种版本的 M1912 霰弹枪被分类并且命名为 M12 或 M12 缩短型。

M1912 霰弹枪左侧方特写

制造历程

温彻斯特 M1912 霰弹枪是由温彻斯特枪械工程师汤马斯·约翰·逊克罗斯利所设计，部分基于约翰·勃朗宁的 M1893 的设计。最初，这个全新的设计只提供 20 号口径。而其 12 号口径和 16 号口径最初并没有出售，直至 1914 年才正式推出。温彻斯特 M1912 霰弹枪在推出后不久就被称为"完美的连发枪"，获得广泛使用。最终导致温彻斯特 M1912 霰弹枪在 1963 年停止大批量生产的原因是生产成本太高，单支价格太昂贵，大大削弱了它的竞争力。

M1912 霰弹枪枪机部位特定

枪体结构

温彻斯特 M1912 霰弹枪的护木均为木质。普通狩猎用途型、军用型及警用型的护木上加工有 18 条纵向防滑纹，并且在前后带有金属护板；而高级狩猎用途型的护木两侧或下方则加工有不同的防滑纹，只有护木前方带有金属护板，后方则取消了金属护板。

温彻斯特 M1912 霰弹枪的机匣为流线型设计，后来的大多数霰弹枪也都沿用了这一设计。机匣为钢制造，锻造加工，结实可靠。机匣顶部设有一条凹槽，其上刻有防反光纹，可充当照门。机匣右方设有 1 个长约 62 毫米的抛壳口。枪机两侧均带有抽壳钩，以增加其抽壳时的可靠性。

作战性能

与大多数现代泵动式霰弹枪相反，温彻斯特 M1912 霰弹枪并没有扳机切断装置。和早期型 M1897 一样，只要扣着扳机不放并前后拉动及推动其前护木，就会使新一发霰弹在射击循环的上膛的瞬间发射；连续前后滑动护木的话，就可以不断地发射霰弹，可在短时间内对敌方形成压制作用。这一过程又称为"猛击走火"。这样能够有效发挥其 6 发霰弹，并使其成为有效的近战武器。然而，这种设计的缺点是很容易损害枪械的结构，导致各种故障，因此这种功能逐渐被淘汰。

M1912 霰弹枪左侧方特写

趣 闻 逸 事

温彻斯特 M1912 霰弹枪系列同时出现在多部电影和电子游戏里，如电影《家园防线》里被嘉多波丁的心腹使用，交战中被费尔·布罗克（杰森·斯坦森饰演）夺取。

M26 模组式霰弹枪

M26 模组霰弹枪又称 MASS，是一种配件式的霰弹枪。

排名依据

　　M26 模组式霰弹枪主要提供给美军的 M16 突击步枪及 M4 卡宾枪系列作为战术附件，也可安装上手枪握把及枪托独立使用。2012 年 2 月 10 日，美军第 101 空降师驻肯塔基州的坎贝尔堡基地内，数名第二旅战斗队的空降兵在对新型 M26 模块化霰弹枪武器系统进行了威力测试。参加测试的士兵对其威力表示满意。该旅是陆军部队首支装备 M26 模块化霰弹系统的部队。

M26 模组式霰弹枪左侧方特写

制造历程

　　20 世纪 90 年代后期，M26 模组式霰弹枪的模组式设计由美国陆军士兵战斗研究室开发，霰弹枪部分由 C-More Systems 提供。开发目的是为士兵提供一种可安装在 M16A2 或 M4A1 卡宾枪上、能发射特种弹药如破门弹、00 号鹿弹及非致命弹药的轻型附件式武器。2008 年 5 月，M26 模组式霰弹枪开始进行批量生产，并装备在阿富汗的美军部队。

士兵用 M26 模组式霰弹枪执行任务训练

▐▐▐▐▌▷⭐ 枪体结构

　　M26 模组式霰弹枪原本开发概念是 20 世纪 80 年代由士兵以截短型雷明登 870 下挂于 M16 枪管的自制 Masterkey 霰弹枪。M26 模组式霰弹枪握持时较 Masterkey 舒适，采用可提高装填速度的可拆式弹匣供弹，有不同枪管长度的型号，手动枪机，拉机柄可选择装在左右两边，比传统泵动霰弹枪更为方便，枪口装置可前后调，较易控制霰弹的扩散幅度及提高破障效果。

配搭 M26 模组式霰弹枪的 M4 卡宾枪

▐▐▐▐▌▷⭐ 作战性能

　　M26 模组式霰弹枪系统由 C-More 系统开发，为在阿富汗作战的美军部队提供一种可整合在步枪上的轻型破门霰弹枪而无须另外携带，可根据任务要求作不同配搭。

射击时的 M26 模组式霰弹枪

电影《魔鬼终结者：未来救赎》里，M26 模组式霰弹枪下挂于约翰·康纳的 M4 卡宾枪，亦曾单独使用。《敢死队 2》中于尼泊尔行动期间下挂于李·圣诞的 M4A1 卡宾枪。

装备 M26 模组式霰弹枪的士兵

4 TOP 温彻斯特 M1897 霰弹枪

温彻斯特 M1897 是由美国著名枪械设计师约翰·勃朗宁设计、美国温彻斯特连发武器公司生产的泵动式霰弹枪，发射 12 号口径霰弹或 16 号口径霰弹。

排名依据

温彻斯特 M1897 霰弹枪是世界上第一款真正成功生产的泵动式霰弹枪，从 1893 年开始生产到温彻斯特于 1957 年决定将其停产以前，总共生产量超过 100 万支。温彻斯特 M1897 霰弹枪是众多温彻斯特霰弹枪中较为坚固、有力也更为优秀的一把霰弹枪。

制造历程

温彻斯特 M1897 霰弹枪是一款由著名的美国枪械设计师约翰·勃朗宁把温彻斯特 M1893 霰弹枪改进而来的泵动式霰弹枪。温彻斯特 M1897 霰弹枪于 1897 年 11 月首次上市出售并且登录在温彻斯特的目录内。在最初，其坚实的枪身只是提供 12 号口径。不过，在 1898 年 10 月，新增了 12 号口径的机匣和枪管组件可拆卸设计的型号；而且在 1900 年 2 月又新增了 16 号口径霰弹的型号。

M1897 霰弹枪前方特写

枪体结构

和其前身温彻斯特 M1893 霰弹枪相比，温彻斯特 M1897 霰弹枪有着较厚重的机匣，可以发射使用无烟火药的霰弹。该枪有多种枪管长度和型号可以选择，如发射 12 号口径霰弹或 16 号口径霰弹，并且有坚固的枪身和可拆卸的附件。16 号口径的标准枪管长度为 711.2 毫米，而 12 号口径则配有 762 毫米的长枪管。特殊枪管长度可以缩短到 508 毫米或伸延到 914.4 毫米。

M1897 霰弹枪套装

作战性能

在所有改进中，温彻斯特 M1897 霰弹枪枪机滑动锁是真正使此枪更安全的关键。这个滑动锁的改进使此枪能够保持稳定，可以防止紧急使用时因人为干扰而走火(如不发或迟发)。温彻斯特 M1987 霰弹枪以 5+1 发管状弹仓作为供弹方式和泵动式的设计使其成为非常有效的近战武器,在某些部队被称为"战壕扫帚"。

M1897 霰弹枪适配器方便装上 M1917 刺刀

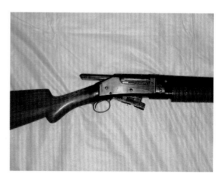

温彻斯特 M1897 开放枪机上的特写

趣 闻 逸 事

电影《木乃伊》里,温彻斯特 M1897 的型号为防爆型,先后被理查·"瑞克"·欧康诺(布兰登·费雪饰演)、艾芙琳·卡纳汉(丽素·慧丝饰演)和阿戴斯·贝(欧迪·费尔饰演)使用。

3 伯奈利 M4 Super 90 霰弹枪

M4 Super 90 是由意大利伯奈利公司设计和生产的半自动霰弹枪(战斗霰弹枪),发射 12 号口径霰弹,被美军所采用并命名为 M1014 战斗霰弹枪。

排名依据

伯奈利 M4 霰弹枪是第一款由伯奈利公司生产的气动式及转栓式枪机战斗霰弹枪。该枪采用的全新设计功能是被称为"自动调节气动式操作"的枪机操作系统，这是一种短行程活塞传动设计的衍生型，只是把气动部件分成 4 个部分。初步测试的贝奈利 M4 霰弹枪将其可靠性的规模作为至上。它至少可以发射 25000 多发而无须更换任何主要部件。

M4 Super 90 霰弹枪后侧方特写

制造历程

1998 年 5 月 4 日，美国陆军军备研究、开发及工程中心正式发动招标，寻求一种于美国三军通用的新式半自动战斗霰弹枪。伯奈利公司于是设计和生产了 M4 Super 90 霰弹枪。1998 年 8 月 4 日，M4 Super 90 霰弹枪样本运送到马里兰州阿伯丁试验场进行测试。经过一连串测试后，伯奈利 M4 Super 90 霰弹枪性能优秀，符合竞标要求。1999 年初，美军将其命名为"M1014 三军联合战术霰弹枪"。

射击中的 M4 Super 90 霰弹枪

正在使用 M1014 战斗霰弹枪的美军士兵

枪体结构

伯奈利 M4 Super 90 霰弹枪是半自动霰弹枪，采用导气式操作系统，而不是原来的惯性后坐系统。枪机仍然采用与 M1 和 M3 相同的双闭锁凸榫机头，但在枪管与弹仓之间的左右两侧以激光焊接法并排焊有 2 个活塞筒，每个活塞筒上都有导气孔和 1 个不锈钢活塞，在活塞筒的前面螺接有

排气杆，排气杆上有弹簧阀，多余的火药气体通过弹簧阀逸出。M4 Super 90 霰弹枪的伸缩式枪托很特别，其托腮板可以向右倾斜，方便戴防毒面具进行贴腮瞄准。如果需要，伸缩式枪托可以在没有任何专用工具的辅助下更换成带握把的固定式枪托。

M4 Super 90 霰弹枪及霰弹

作战性能

伯奈利 M4 Super 90 霰弹枪也是一款模组化武器。它可以更换使用各种部件（如枪管、可伸缩式枪托、护木等）而无须任何工具。该霰弹枪也适用于各个地型，它可让操作模式快速达成，并可改变装挂的配件以适应不断变化的战术环境。

手持 M4 Super 90 霰弹枪的士兵

士兵正在用 M4 Super 90 霰弹枪进行射击

莫斯伯格 500 霰弹枪

　　莫斯伯格 500 是美国莫斯伯格父子公司专门为警察和军事部队研制的一款泵动式霰弹枪。

排名依据

　　莫斯伯格 500 霰弹枪是美国枪械生产历史上第二款最高销售量的非军用武器，生产数量仅次于它在市场上的主要竞争对手及另一款泵动式霰弹枪——雷明顿 870 泵动式霰弹枪。除了在美军享有盛誉外，也受到民间射击爱好者的青睐。根据不同的用途或订单，莫斯伯格 M500 霰弹枪有多种衍生型号可以选用，用处较广泛。莫斯伯格 M500 霰弹枪更换枪管的便利性设计意味着单独一支霰弹枪的使用者可在许多具有不同用途的枪管中选用一根最符合情况的枪管自行组合。一般而言，莫斯伯格 M500 霰弹枪的商业型号可以划分为两大类别，即野外型号和特殊用途型号。

莫斯伯格 500 霰弹枪及霰弹

制造历程

莫斯伯格 500 霰弹枪由莫斯伯格父子公司在 1961 年推出，被广泛用于射击比赛、狩猎、居家自卫和实用射击运动，也被美国国内外的许多执法机构所采用，美军在 1966 年试验性地采购了少量莫斯伯格 500 霰弹枪后（同时也采购了雷明顿 870 霰弹枪），在 1979 年又采购了更多的数量，后来美军中大部分的莫斯伯格 500 霰弹枪被莫斯伯格 590 霰弹枪所取代。

装上了 469.9 毫米圆柱内膛枪管的
莫斯伯格 500 霰弹枪

装上了红点镜的莫斯伯格 M500 执法机关组合型

枪体结构

莫斯伯格 500 霰弹枪配备了可互换的枪管，它可以在无须利用任何工具的情况下拆卸，只要拧松其弹仓管末端的螺钉即可拆卸下来。枪机锁进入位于枪管顶部的大型锁耳，以确保坚实的枪机到枪管的连接。扳机组件（其中包括扳机、击锤、阻铁）装在连同护圈的扳机体上，可以通过卸出机匣上的 1 个定位卡销和向下拉动扳机护圈拆出来。

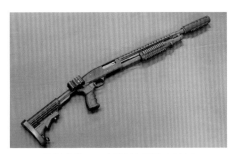

莫斯伯格 500 霰弹枪后侧方特写

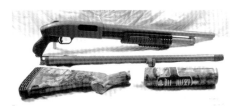

莫斯伯格 500 霰弹枪套装

作战性能

　　莫斯伯格 500 霰弹枪的可靠性比较高，而且坚固耐用，加上价格合理，因此是雷明顿 870 霰弹枪有力的竞争对手。

　　有些人认为莫斯伯格 500 霰弹枪的部件比较松动，操作起来有零件晃动或撞击的声音，但另一些人则认为这是为了提高在恶劣环境中的可靠性而增大容留泥沙污垢空隙所致，如野战环境或在沼泽地带狩猎水禽。

趣闻逸事

　　电影《生化危机 2：启示录》里型号为 590 紧凑巡逻者型和 500 型：590 紧凑巡逻者型被艾莉丝（蜜拉·乔娃薇琪饰演）使用，500 型被一名警察使用。

莫斯伯格 500 霰弹枪枪口特写

雷明顿 870 霰弹枪

雷明顿 870 是由美国雷明顿公司制造的一款泵动式霰弹枪,在军队、警队及民间市场颇为常见。

排名依据

雷明顿 870 霰弹枪是雷明顿 4 种泵动霰弹枪系列的一种。从 20 世纪 50 年代初至今,一直是美国军、警界的专用装备,美国边防警卫队尤其钟爱此枪。因其结构紧凑、性能可靠、价格合理,很快成为美国人喜爱的流行武器,雷明顿武器公司也因此而成为美国执法机构和军队最喜爱的兵工厂之一。雷明顿 870 霰弹枪在市场上的主要竞争对手是莫斯伯格 500 泵动式霰弹枪。

雷明顿 870 霰弹枪左侧方特写

制造历程

约翰·本德森在早期设计出 Model 10(改进后名为 Model 29),后与约翰·勃朗宁一起进行设计工作,也设计出 Model 17(改进型为伊萨卡 37)及优秀的 Model 31,但 Model 31 比当时的温彻斯特 M1912 订单少。雷明顿为了寻求更佳的市场占有率,在 20 世纪 50 年代推出坚固耐用、可靠、价钱低廉的雷明顿 870 霰弹枪。雷明顿 870 系列的销售量比较稳定,在 1973 年销售量达到约 200 万把(为 Model 31 的 10 倍)。1996 年,雷明顿 870 霰弹枪销售量超过 700 万把,是美国史上最高销售量的泵动霰弹枪。

黑色涂装的雷明顿 870 霰弹枪

美国海岸警卫队队员手持 870 霰弹枪

枪体结构

雷明顿 870 霰弹枪从底部装弹，弹壳从机匣右侧排出，管式弹仓在枪管下部，双动式结构、内部击锤设计，枪管内延长式枪机闭锁。它的机匣、扳机系统、保险制、套筒释放钮与雷明顿 M7600 系列相似，部分零件可与雷明顿 1100 及雷明顿 11-87 互换。

雷明顿 870 霰弹枪及枪管

作战性能

雷明顿 870 霰弹枪在恶劣气候条件下的耐用性和可靠性较好，尤其是改进型 870 霰弹枪，采用了许多新工艺和增加了附件。除了军警单位外，雷明顿 870 在民间市场也颇为常见。多数使用者都是用于狩猎、竞技、自卫等，也有人制作非法的削短型版本并用于犯罪。

雷明顿 870 霰弹枪右侧方特写

趣闻逸事

电影《魔鬼终结者：未来救赎》里使用雷明顿 870 霰弹枪折叠枪托型和固定枪托型，前者被凯尔·里斯使用，后者被巴恩斯使用。《狙击生死线》里为枪托锯短版，为莎拉·芬恩使用，后来被佩恩所抢掠。

雷明顿 870 霰弹枪

参考文献

[1]《深度军事》编委会. 现代枪械大百科 [M]. 北京：清华大学出版社，2015.

[2] 床井雅美. 现代军用枪械百科图典 [M]. 北京：人民邮电出版社，2012.

[3] 军情视点. 全球枪械图鉴大全 [M]. 北京：化学工业出版社，2016.